双碳背景下城市绿色客运结构评价与优化技术

李昕光◎著

Evaluation and Optimization Techniques of Urban Green Passenger Transportation Structure under Dual Carbon Background

化学工业出版社

·北京·

内容简介

本书对城市低碳客运结构评价及优化、多情景城市客运交通碳排放量预测以及居民低碳出行意向和低碳生态驾驶策略等方面进行了研究。全书分为3篇共6章，主要内容包括基于DPSIR的城市低碳客运评价体系构建和考虑参与主体的城市客运交通结构优化、城市客运交通碳排放测算和基于STIRPAT-SD的多情景客运交通碳排放预测、考虑出行时间感知的城市居民低碳出行意向研究和智能网联下汽车生态驾驶策略研究等。

本书可供从事交通运输相关专业的科研人员、研究生或者高年级本科生阅读。

图书在版编目（CIP）数据

双碳背景下城市绿色客运结构评价与优化技术/李昕光著. —北京：化学工业出版社，2023.8

ISBN 978-7-122-43527-9

Ⅰ.①双… Ⅱ.①李… Ⅲ.①城市运输-旅客运输-研究 Ⅳ.①U12

中国国家版本馆CIP数据核字（2023）第088729号

责任编辑：陈景薇　　　文字编辑：冯国庆
责任校对：张茜越　　　装帧设计：张　辉

出版发行：化学工业出版社（北京市东城区青年湖南街13号　邮政编码100011）
印　　装：北京虎彩文化传播有限公司
710mm×1000mm　1/16　印张9¾　彩插4　字数162千字　2023年9月北京第1版第1次印刷

购书咨询：010-64518888　　　售后服务：010-64518899
网　　址：http://www.cip.com.cn
凡购买本书，如有缺损质量问题，本社销售中心负责调换。

定　　价：78.00元

前 言

习近平总书记明确提出我国2030年“碳达峰”与2060年“碳中和”目标，交通运输部门作为主要的碳减排部门，应该积极推动城市客运交通系统的快速发展，优化城市交通出行结构，建设低碳、高效、节能的绿色城市交通体系。城市客运交通包括常规公交车、出租车、私家车、轨道公交等多种交通出行方式，各类出行方式在能源消耗和碳排放等方面存在巨大差异，同时又各有特点和应用范围，因此，开展城市客运交通结构的评价和优化工作，对降低高碳出行方式比例、促进城市客运低碳发展具有重要的研究价值和现实意义。针对这个关键问题，本书对城市低碳客运结构评价及优化、多情景城市客运交通碳排放量预测以及居民低碳出行意向和低碳生态驾驶策略等方面进行研究并给出相关政策建议。

全书分为3篇共6章：第1篇为城市低碳客运结构评价与优化，包括基于DPSIR的城市低碳客运评价体系构建和考虑参与主体的城市客运交通结构优化；第2篇为城市客运碳排放量计算与预测，包括城市客运交通碳排放测算方法和基于STIRPAT-SD的多情景客运交通碳排放预测模型；第3篇为城市低碳客运交通发展相关技术，包括考虑出行时间感知的城市居民低碳出行意向研究和智能网联下汽车生态驾驶策略研究。

本书由青岛理工大学李昕光撰写。对本书稿的完成提供帮助的有詹郡、吕桐、王珅、胡含、孙崇效、于文昌、程鑫、王登泽等，在此，对这些人员表示感谢。

本书在相关内容研究和出版的过程中，得到了2023年度青岛市社会科学规划研究项目、2023年度青岛理工大学学术著作出版基金和

2021 年度山东省自然科学基金面上项目的资助。在此，对相关机构表示感谢。

本书参考引用了国内外专家发表的低碳交通相关文献和城市客运交通的运营资料。在此，对相关专家和部门表示诚挚的感谢。

由于作者水平有限，书中不足之处在所难免，敬请读者批评指正。

著者

2023 年 7 月

目 录

第1篇　城市低碳客运结构评价与优化

第 2 章 低碳导向下的城市客运交通结构多目标优化模型 / 025

第 2 篇 城市客运碳排放量计算与预测

第 3 章 城市低碳客运交通碳排放测算方法 / 054

第4章 基于STIRPAT-SD城市绿色客运交通碳排放预测模型 / 074

第3篇 城市低碳客运交通发展相关技术

第6章 智能网联下汽车生态驾驶策略研究 / 129

第1篇

城市低碳客运结构评价与优化

第1章 基于DPSIR的城市低碳客运评价体系构建与实证分析

1.1 引言

气候问题是一个全球性挑战。在所有温室气体中，CO_2 因其与人类活动相关的特性而成为研究的重点。运输部门是全球 CO_2 排放的主要贡献者，对气候有严重的负面影响。这也是现代交通造成的主要人类健康问题，尤其是在人口稠密的城市地区。因此，促进低碳交通发展是推动经济增长向气候适应性的方向发展的有效途径。城市客运是交通运输业的重要组成部分，具有与民生直接密切相关的特点，是低碳交通研究的重点。目前，日益增长的客运需求主要是通过增加交通基础设施设备数量和其他方式来增加运输供应的。然而，由于运输能力的提高，交通压力可以在短期内得到缓解，但代价是对生态环境的巨大负面压力。特别是近年来，随着经济水平的提高，私家车数量大幅增加。随之而来的废气排放、能源消耗、噪声污染等生态问题，以及道路拥堵、交通事故等社会问题，都会影响社会稳定和交通效率。因此，在满足交通需求的前提下，挖掘客运结构优化潜力来引导城市低碳化发展是一个重要议题。

在城市客运领域中，不同交通出行方式对于 CO_2 排放的贡献存在明显差异。城市客运结构的水平在转向节能、低污染和可持续的现代化城市交通的发展上有直接影响作用。城市客运结构是指城市交通系统中各种运输方式所分担的客运量比例，它是由不同的城市客运方式相互补充的复杂结构。具体而言，汽车和出租车具有灵活性和便利性的特点，同时提供舒适的出行环境。公交车和轨道交通作为短途客运的主要载体，具有客运量大、环保性强的优势。自行车和步行等非机动交通方式灵活、方便、环保。其中，值得注意的是，以低碳、高效率、大容量为特点的公共交通，在国家政策指导下被大力推行。

由于经济水平和城市化进程不同，不同城市的低碳客运结构的发展水平并不一致。有必要建立一套具备逻辑严密、适用广泛、从低碳角度评估城市客运结构的评价方法。这将有效识别客运交通结构现状并挖掘其优化潜力，为城市交通在规划管理方面的决策提供理论依据和参考。

构建评价体系的基础是选择合适的影响因素。近年来，许多学者[1~4] 探索了不同因素对 CO_2 排放的影响。Chen 等[5] 探讨了各种因素对 CO_2 排放的影响，发现能源强度和人均 GDP（国内生产总值）是主要因素，而人口分布的影响可以忽略不计。Zhu 等[6] 从区域层面探讨了影响中国交通运输业碳排放的因素，提出经济产出是最重要的因素，人口规模、区域能源强度和产业规模对 CO_2 排放也有重要影响。Wang 等[7] 探讨了贸易开放对经济增长脱钩碳排放的影响，结果表明，贸易开放对发达国家经济增长与碳排放脱钩具有积极影响，但对发展中国家具有消极影响。除了上述因素外，Huang[8] 还发现，客运周转量和汽车保有量的增加将加剧交通碳排放。此外，随着汽车能源技术的发展，电动汽车技术对碳排放的影响也受到了人们的关注。Dhar 等[9] 对印度低碳客运汽车和电动汽车之间的长期共同利益进行了研究，发现电动汽车是未来清洁运输组合中的有潜力的选择。电动汽车在印度可以实现低碳、能源安全和空气质量的共同效益。然而，在缺乏可持续性措施的情况下，电动汽车技术对减少印度交通运输 CO_2 排放量的作用并不显著。

总而言之，多数研究从区域、国家等层面对碳排放影响因素进行了分析，虽然并非针对城市层面分析碳排放影响因素，但是其分析结果对于提取城市客运交通结构碳排放影响因素具有值得参考的价值。因此，本研究综合考虑经济因素、能源强度、人口规模、产业规模、客运里程、汽车保有量等因素，并在此基础上，建立了城市客运交通结构的影响因素集。

有效评价体系的构建还需要在选择影响因素的基础上选择合理的构建方法。在城市客运领域，以往的研究大多从交通系统构成的角度来评价城市客运的发展水平[10~12]。Shen 等[13] 从基本指标、交通方式和道路建设三个维度建立了指标体系，分析了舟山市 2016～2018 年绿色交通发展情况。部分学者构建的指标体系也采用了生态效益的标准层。李沛妍[14] 以基础设施、运输工具、社会经济、技术发展和环境保护为准则层设置指标，对国内试点低碳交通城市进行评价。Lu 等[15] 从城市经济发展、交通需求、能源消耗和环境污染四个角度选取指标，评价城市交通和生态环境的可持续发展水平。王琦等[16] 以出行者、交通基础设施、交通方式、交通管理、交通资源环境、经济社会为准则层，建立了兰州市绿色交通发展水平评价体系。然而，传统的评价体系构建方法存在一些不足，即因缺乏科学框架支撑导致评价指标与人类活动相互作用体现不充分。而使用体现因果关系的评价模型，例如压力-状态-响应（PSR）模型和驱动力-压力-状态-影响-响应（DPSIR）模型，可有效弥补这一不足。

DPSIR 模型是在 PSR 模型和驱动力-状态-响应（DSR）模型的基础上优化的。DPSIR 模型反映了生态系统状态形成的前因和后果，由于遵循因果链，应用该模型构建评估系统的逻辑更加复杂。DPSIR 模型主要应用于生态评价领域，在分析城市低碳客运结构时，有必要结合研究对象细化逻辑。此外，城市交通工程的建设过程具有长期性的特点，这意味着应根据交通工程的不同阶段考虑影响城市客运结构的因素。因此，本研究考虑进一步应用生命周期思想分阶段探讨城市低碳客运结构，即基于 DPSIR 模型和生命周期思想构建双准则层评价体系。指标权重的确定是获得评价结果的关键步骤，它直接影响到所获得结果的准确性。Huang 等[17] 提出了一种基于德尔菲法的双轨并行的赋权方法，确定了评价指标体系的相应权重。Mao 等[18] 采用模糊层次分析法（FAHP）对城市道路交通系统的性能进行综合评价。Unver 等[19] 基于层次分析法（AHP）确定了森林采伐活动风险标准的权重和等级。

部分学者采用了单一的客观赋权法。Bera 等[20] 基于熵值法（ENTROPY）得到指标权重值，构建多维目标评估体系。李林波等[21] 使用 CRITIC 法计算客观权重，对城市轨道交通乘客的满意度进行评价。赵栋煜等[22] 使用主成分分析法（PCA）确定权重，对铁路客运服务质量进行评价，该方法将较多指标转化为较少的综合主成分指标表示。PCA 方法的核心思想是降维和简化复杂性，但降维是以丢失少量信息为代价的，不能完全反映原始数据。因此，相对于本身包含信息量就不多的评价体系而言，采用该法计算客观权重的局限性较大。

主观赋权法具有时效性强、不受数据样本限制等优点。但由于主观性强，其缺点是结果的准确性容易受到影响，相比之下，客观赋权法避免了主观因素的影响，但对数据样本的依赖和无法灵活更改权重值往往是不可避免的缺点。在这方面，使用组合赋权法可以有效地解决这一缺点（温惠英等[11]）。同时，获取合理的综合评价值还取决于组合权重的方法是否合理。李新平等[23] 建立了岩溶隧道突水风险评估模型，采用 AHP 和熵值法计算综合权重，并基于乘法集成法得出综合权重。黄鑫沛等[24] 通过 FAHP 和熵值法计算权重，通过以离差平方和最小为目标计算组合系数得到综合权重。Xie 等[25] 评估了中国电力交易平台中的列表节点，这篇文章中提出了采用 G1 法和 CRITIC 法计算权重，并根据基于变异系数法的权重组合法得出综合结果。在组合方法中，基于博弈论的组合权重方法的思想是通过计算均衡解来获得最佳组合权重的[26,27]，与仅使用单一的主观或客观评价方法相比，组合权重法既反映了主观意见，也反映了客观数据。因此，本研究采用组合赋权法来提高权重的综合性和合理性。

此外，影响城市客运结构的因素集是复杂的，这意味着如 AHP 法和 PCA 法等目前相对成熟的评估方法并不能完全适用，应考虑该方法与城市客运结构评价主体之间的适配性。在这方面，当前研究可以进一步优化赋权法或权重组合法。因此，本研究首先进行主观权重和客观权重的计算，然后进行博弈论组合赋权，综合各方法的计算结果，得出均衡权重。以青岛市客运交通结构评价为例进行实证分析，验证评价方法的可行性和有效性，该体系有助于对城市低碳客运结构的发展情况进行评价，为城市低碳交通的远期规划和运营管理提供科学依据。

1.2 基于 DPSIR 的双准则指标体系的构建

1.2.1 模型的概念框架

本研究提出的城市低碳客运结构评价模型框架主要包括以下几个部分。

① 基于 DPSIR 模型和生命周期理论，建立了城市低碳客运结构评价的双准则层评价模型。

② 基于 DEMATEL-G1 法计算主观权重，基于 CRITIC-ENTROPY 法计算客观权重。

③ 基于博弈论组合赋权法，计算出在主观经验和客观数据之间实现折中的均衡权重。

④ 通过计算综合值来评价城市低碳客运结构的发展状况。

⑤ 计算每个指标对应的障碍度，根据障碍度值对指标进行排序，实现障碍因素的识别。模型的概念框架如图 1.1 所示。

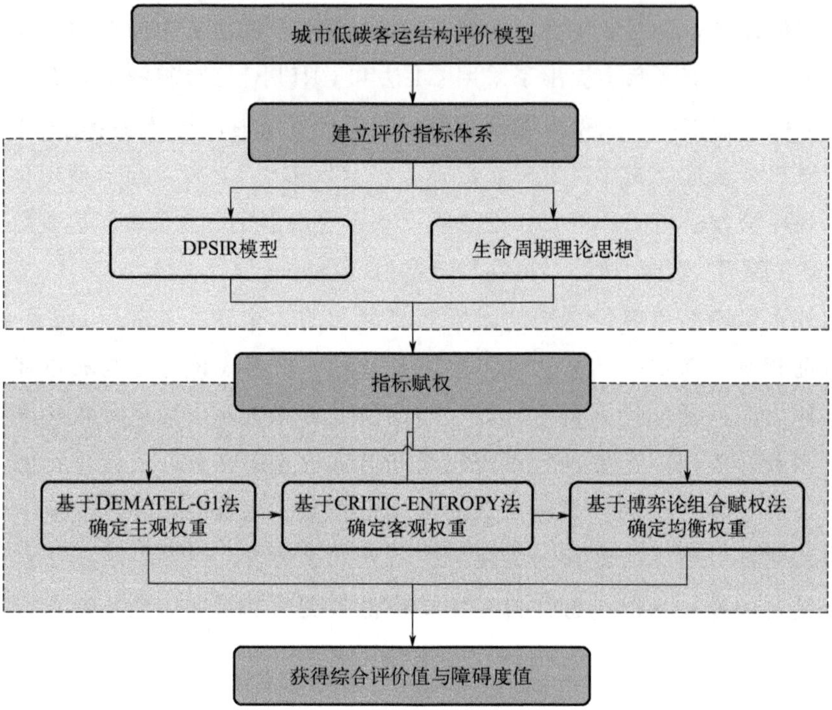

图 1.1 模型的概念框架

1.2.2 双准则指标体系的构建

DPSIR 模型是欧洲环境组织于 1998 年提出的反映人类活动与环境之间因果关系的评估模型。该模型在 PSR 模型和 DSR 模型的基础上进行了改进，系统地建立了生态系统与其起源和结果之间的因果链。DPSIR 模型以生态系统为评估对象，包含五个层次：驱动力、压力、状态、影响和响应。

在以城市低碳客运交通结构为主体的评价体系中，生态系统不再承担评价主体的角色，但仍作为评价体系中的重要组成部分与评价主体相互影响。因此，不能根据 DPSIR 框架的既定逻辑简单地替换评估对象。本研究将内外部环境分析的思想结合起来，避免了在划分生态系统相关指标时的混淆。对原 DPSIR 框架含义修正后的具体描述如下。

驱动力是指外部环境因素对城市低碳客运结构产生的外力；压力是指城市交通系统对低碳客运结构产生的内力，如道路布局、公交车辆数量等因素的影响；状态是指城市低碳客运结构在外力和内力共同作用下形成的现状；影响是指当前状态对外部环境的反作用力；响应是指为应对影响而采取的措施。本研究采用了反映历年城市低碳客运结构发展水平的动态性指标来检验优化措施所取得的效果。此外，考虑到城市公共交通项目建设周期长，基于生命周期理论的思想，设置了第二个标准层，包括建设阶段和运营阶段。值得注意的是，结合中国城市的实际发展，为保持评价体系在当前及未来一段时间内的稳定有效性，本研究不考虑工程拆除阶段。

在遵循科学性、代表性、可比性和可操作性原则的前提下，本研究将系统性、科学性和完整性作为建立该体系的目标。在相关研究的基础上，设置驱动力（D)、压力（P)、状态（S)、影响（I）和响应（R）为第一标准层，建设阶段（C）和运营阶段（O）为第二标准层。城市低碳客运结构评价体系如图 1.2 所示。

1.2.3 权重计算方法

(1) 基于 DEMATEL-G1 法的主观权重计算

G1 法又被称为序关系分析法，该方法是在层次分析法的基础上改进的主观赋权法，克服了判断矩阵一致性问题。通过对各指标进行定性排序，并根据所得序关系判断相邻指标间的重要程度，进而确定权重。该方法的特点是计算量小，逻辑清晰，可操作性强。与目前广泛应用的 AHP 方法相比，G1 法计算过程简单，无须对判断矩阵进行一致性检验。但是，该方法在评价城市低碳客运交通结构时存在一定弊端，如序关系确定困难、专家意见整合烦琐、客观逻辑较弱。因此，本研究提出了改进 G1 法，使用 DEMATEL 法对 G1 法进行改进来确定主观权重。具体步骤如下。

① 获取直接影响矩阵。初始数据的获取方式是邀请专家利用模糊评价法对指标集 $C_i=\{C_1,C_2,\cdots,C_n\}$ 中指标间的影响关系依次进行评估。获取的初始数据形成直接影响矩阵 $\boldsymbol{G}$ 可以表示为

$$\boldsymbol{G}=(g_{ij})_{n\times n}=\begin{bmatrix} g_{11} & g_{12} & \cdots & g_{1n} \\ g_{21} & g_{22} & \cdots & g_{2n} \\ \vdots & \vdots & \ddots & \vdots \\ g_{n1} & g_{n2} & \cdots & g_{nn} \end{bmatrix} \quad i=j=1,2,\cdots,n \tag{1.1}$$

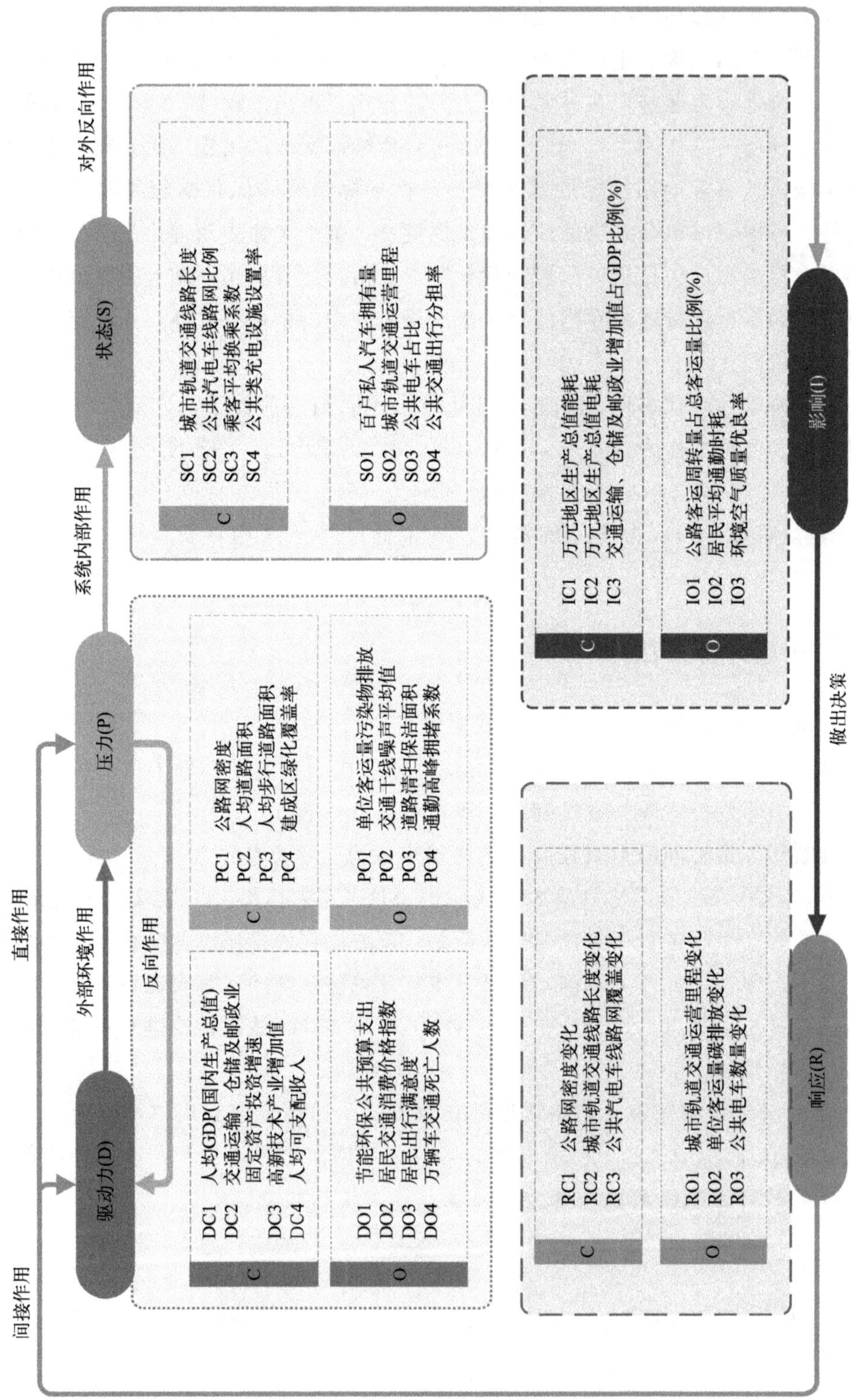

图 1.2　城市低碳客运结构评价体系

式中，$\boldsymbol{G}$ 是直接影响矩阵；g_{ij} 是直接影响矩阵中第 i 行和第 j 列的值；n 是指标的数量。

② 标准化直接影响矩阵。采用最大值取弦法对指标数据进行标准化处理，消除了不同数量级和维度的影响。标准化的直接影响矩阵 $\boldsymbol{P}$ 可由下式计算。

$$\boldsymbol{P}=(p_{ij})_{n\times n}=\boldsymbol{G}\Big/\sqrt{\left(\max_{1\leqslant j\leqslant n}\sum_{i=1}^{n}g_{ij}\right)^2+\left(\max_{1\leqslant i\leqslant n}\sum_{j=1}^{n}g_{ij}\right)^2} \tag{1.2}$$

式中，$\boldsymbol{P}$ 是标准化的直接影响矩阵；p_{ij} 是标准化的直接影响矩阵第 i 行和第 j 列的值。

③ 由标准化后的直接影响矩阵计算综合影响矩阵 $\boldsymbol{T}$，综合影响矩阵 $\boldsymbol{T}$ 可以表示为（朱学耕等[28]）

$$\boldsymbol{T}=(t_{ij})_{n\times n}=\frac{\boldsymbol{P}}{\boldsymbol{I}-\boldsymbol{P}}\qquad i=j=1,2,\cdots,n \tag{1.3}$$

式中，$\boldsymbol{T}$ 是综合影响矩阵；t_{ij} 是综合影响矩阵第 i 行和第 j 列的值；$\boldsymbol{I}$ 是一个 n 阶单位矩阵。

④ 依据综合影响矩阵计算中心度。中心度表示该因素在评价指标体系中的位置及其所起作用的大小，中心度可以由式(1.4) 计算得到。

$$M_i=\sum_{j=1}^{n}t_{ij}+\sum_{i=1}^{n}t_{ij} \tag{1.4}$$

式中，M_i 是第 i 个指标的中心度。

⑤ 依据中心度大小对指标进行排序，可以确定各指标之间的序关系及相对重要程度。序关系集合为 $C_i^*=\{C_1^*,C_2^*,\cdots,C_n^*\}$。序关系集合中的元素的关系为 $C_1^*>C_2^*>\cdots>C_n^*$。相对重要程度 r_j 通过序关系中前一个指标与当前指标的中心度之比表示，比值越大说明前一个指标相对于当前指标越重要。相对重要程度 r_j 可以通过式(1.5) 计算得到。

$$r_j=\frac{M_{j-1}}{M_j}\qquad j=2,3,\cdots,n \tag{1.5}$$

式中，r_j 是第 $j-1$ 个指标对第 j 个指标的相对重要程度；M_{j-1} 是第 $j-1$ 个指标的中心度。

⑥ 根据相对重要程度可以计算得到指标的主观权重值。重要性最低的指标的权重 w_n^* 可以根据式(1.6) 计算得到，剩余指标的权重可以再利用式(1.7) 计算得到。

$$w_n^*=\left(1+\sum_{j=2}^{n}\prod_{i=j}^{n}r_i\right)^{-1} \tag{1.6}$$

$$w_{j-1}^{*}=r_j w_j^{*} \qquad j=2,3,\cdots,n \tag{1.7}$$

式中，w_n^* 是重要性最低的指标的权重；w_{j-1}^* 是除了重要性最低的指标的权重之外的其他指标的权重。

⑦ 根据指标间的序关系，将所得到的指标 C_i^* 相对应的权重传递给指标 C_i，可得到排序前各指标的主观权重系数。

(2) 基于 CRITIC-ENTROPY 法的客观权重计算

CRITIC 法的基本思想是通过相关系数和标准差来量化指标间的冲突性及指标内的变异性。然而该方法没有考虑数据之间的离散性，ENTROPY 法可通过指标的熵值反映数据的离散程度和稳定性来弥补这一点。因此，本研究结合 CRITIC 法与 ENTROPY 法计算指标客观权重，可以更充分地利用指标数据所包含的信息。

对于评价方案集 $K=\{k_1,k_2,\cdots,k_m\}$ 和指标集 $C_i=\{C_1,C_2,\cdots,C_n\}$，建立了初始数据矩阵 $\boldsymbol{D}=(d_{ij})_{m\times n}$，式中，$d_{ij}$ 是第 i 个评价方案下第 j 个评价指标的数值。

由于初始数据量纲不同，需要对初始矩阵进行无量纲化处理。本研究采用无量纲化的处理方式是对效益型指标 z^+ 进行正向化处理，对成本型指标 z^- 进行逆向化处理。处理后的无量纲化矩阵 $\boldsymbol{Z}$ 可由下式表示。

$$\boldsymbol{Z}=(z_{ij})_{m\times n}=\begin{cases}\dfrac{d_{ij}-\min d_{ij}}{\max d_{ij}-\min d_{ij}} & z_{ij}\in z^+ \\[2ex] \dfrac{\max d_{ij}-d_{ij}}{\max d_{ij}-\min d_{ij}} & z_{ij}\in z^-\end{cases} \qquad i=1,2,\cdots,m;j=1,2,\cdots,n \tag{1.8}$$

式中，$\boldsymbol{Z}$ 是无量纲化矩阵；z_{ij} 是无量纲化矩阵中的元素；m 是评价方案的数量；n 是评价指标的数量；d_{ij} 是初始数据矩阵中的元素；z^+ 是效益型指标；z^- 是成本型指标。

根据无量纲矩阵，分别采用 CRITIC 法和 ENTROPY 法计算客观权重。在 CRITIC 法中，主要通过计算标准差 δ_j 来反映指标的变异性，通过计算冲突指数 L_j 来反映指标之间的冲突性。CRITIC 法得到的客观权重值 ω_j^{CRITIC} 可以根据式(1.9)～式(1.11) 得到（宋冬梅等[29]）。

$$\delta_j=\sqrt{\frac{\sum_{i=1}^{m}(z_{ij}-\overline{z_j})^2}{m-1}} \qquad j=1,2,\cdots,n \tag{1.9}$$

$$L_j=\sum_{t=1}^{n}(1-l_{tj}) \qquad j=1,2,\cdots,n \tag{1.10}$$

$$\omega_j^{\mathrm{CRITIC}}=\frac{\delta_j L_j}{\sum_{j=1}^{n}\delta_j L_j} \qquad j=1,2,\cdots,n \tag{1.11}$$

式中，δ_j 是标准差；L_j 是冲突指数；$\overline{z_j}$ 是无量纲化矩阵的平均值；l_{tj} 是指标 t 与指标 j 之间的相关系数；$\omega_j^{\mathrm{CRITIC}}$ 是由 CRITIC 法得到的客观权重值。

在 ENTROPY 法中，数据的离散程度和稳定性可以由信息熵反映。需要注意的是，在计算过程中，初始数值为比例（%）的指标在无量纲化后数值为零，这会导致数值赋权结果为零的不合理结果。因此本研究考虑将所有归一化后的数值上加上一个不影响结果的极小值。基于 ENTROPY 法计算得到的客观权重值 $\omega_j^{\mathrm{ENTROPY}}$ 可依据以下公式计算得到。

$$o_{ij}=\frac{z_{ij}}{\sum_{j=1}^{m}z_{ij}} \qquad i=1,2,\cdots m;j=1,2,\cdots,n \tag{1.12}$$

$$E_j=\frac{-\sum_{i=1}^{m}o_{ij}\ln o_{ij}}{\ln m} \qquad j=1,2,\cdots,n \tag{1.13}$$

$$\omega_j^{\mathrm{ENTROPY}}=\frac{1-E_j}{\sum_{j=1}^{n}(1-E_j)} \qquad j=1,2,\cdots,n \tag{1.14}$$

式中，o_{ij} 是第 i 个方案下第 j 个指标的指标值所占权重；E_j 是信息熵；$\omega_j^{\mathrm{ENTROPY}}$ 是由熵值法得到的客观权重。

1.3 基于博弈论的组合权重方法

博弈论组合赋权法以纳什均衡为理论基础，通过求解最优线性组合系数，得到最优组合权重。该方法协调了主观赋权法和客观赋权法所得权重之间的矛盾。具体而言，降低了专家主观经验对赋权结果客观性的影响，同时避免了过于强调数据客观性而导致赋权结果不合理。

博弈论组合赋权法的核心思想是假设线性组合权重系数并进行优化。假设分别用 L 种赋权法对 n 个评价指标进行赋权，可得到 L 个权重向量，则权重向量

$\boldsymbol{W}_k$ 可表示为$\{\omega_{k1},\omega_{k2},\cdots,\omega_{kn}\}$。假设 α_k 为线性组合权重系数，则均衡权重 $\boldsymbol{W}$ 可表示为

$$\boldsymbol{W}=\sum_{k=1}^{L}\alpha_k\boldsymbol{W}_k^{\mathrm{T}} \tag{1.15}$$

式中，$\boldsymbol{W}$ 是假设的均衡权重；$\boldsymbol{W}_k$ 是第 k 个权重向量；α_k 是假设的线性组合权重系数；L 是权重计算方法的数量和权重向量的数量。

以 $\boldsymbol{W}$ 及 $\boldsymbol{W}_k$ 离差和最小为目标来计算线性组合权重系数。优化目标函数可由式(1.16) 表示。通过矩阵的微分性质，目标函数可等效为具有最优导数条件的线性方程，可表示为式(1.17)。

$$f=\min\left\|\sum_{k=1}^{L}\alpha_k\boldsymbol{W}_k^{\mathrm{T}}-\boldsymbol{W}_p^{\mathrm{T}}\right\|_2 \qquad p=1,2,\cdots,L \tag{1.16}$$

$$\sum_{k=1}^{L}\alpha_k\boldsymbol{W}_p\boldsymbol{W}_k^{\mathrm{T}}=\boldsymbol{W}_p\boldsymbol{W}_k^{\mathrm{T}} \qquad p=1,2,\cdots,L \tag{1.17}$$

式中，f 是优化目标函数；$\boldsymbol{W}_p$ 是第 p 个权重向量。

对目标函数求解后得到组合系数 α_k。对组合系数进行归一化处理后，代入可得到综合权重 $\boldsymbol{W}^*$。因此，基于博弈论组合赋权法得到的权重 $\boldsymbol{W}^*$ 可由式(1.18) 和式(1.19) 计算得到。

$$\alpha_k^*=\frac{\alpha_k}{\sum_{k=1}^{L}\alpha_k} \tag{1.18}$$

$$\boldsymbol{W}^*=\sum_{k=1}^{L}\alpha_k^*\boldsymbol{W}_k^{\mathrm{T}} \tag{1.19}$$

式中，α_k^* 是归一化组合系数；$\boldsymbol{W}^*$ 是基于博弈论组合赋权法的权重。

1.4 综合评价法

计算得到均衡权重后，通常采用将均衡权重与指标值线性加权的方式计算综合评价值，以此将多个指标聚合为一个可以反映综合情况的指标来实现综合评价。但线性加权的综合评价方法会由于加法的互补性，使得分较低的指标与得分较高的指标的数值相中和，从而导致某些评价指标的劣势性难以通过综合评价值反映出来。而相对于被广泛采用的线性加权法，几何聚合法放大了指标间的差

异，其显著优势是可以获取指标间的非互补性的评价结果。这意味着，在以城市低碳客运交通结构为评价对象的体系中，该方法可以避免由于存在互补性而导致具有明显劣势的指标隐藏于看似积极的综合评价结果中。因此，本书采取几何聚合法进行综合评价值的计算。

此外，使用几何聚合法时，如果指标数据或权重存在零值，会产生评价结果整体为零的情况。引入一个极小算术偏移量可以避免这种情况。因此，各评价方案的综合评价值 U_i 可表示为

$$U_i=\sqrt[n]{\prod_{j=1}^{n}(\varepsilon+\omega_j z_{ij})}-\varepsilon \qquad i=1,2,\cdots,m \tag{1.20}$$

式中，U_i 为各评价方案的综合评价值；ω_j 为第 j 个指标对应的权重；z_{ij} 为第 i 个评价方案下第 j 个指标的无量纲化值；m 为评价方案的数量；n 为指标的数量；ε 为极小算术偏移量。

在计算综合值的基础上，可以通过计算障碍度的形式进一步分析制约城市低碳客运交通结构优化发展的因素。障碍度可表示为

$$WO_{ij}=\frac{(1-z_{ij})\omega_j}{\sum_{j=1}^{n}(1-z_{ij})\omega_j} \qquad i=1,2,\cdots,m;j=1,2,\cdots,n \tag{1.21}$$

式中，WO_{ij} 为指标的障碍度。

1.5 实例验证和数据来源

为了验证本模型的有效性，以青岛市客运交通结构情况为具体研究对象进行实例验证。青岛市位于东经 119°30′～121°00′、北纬 35°35′～37°09′，是典型的海滨丘陵城市，地势东高西低，南北两侧隆起，中间低凹。青岛海区港湾众多，岸线曲折，地处北温带季风区域，属温带季风气候，但同时受到海洋环境的直接调节，其又具有显著的海洋性气候特点。青岛市是中国东部沿海重要的经济中心城市和港口城市。

本研究选取了青岛市 2015～2020 年的数据。数据获取主要包括查阅相关政府网站发布的统计报告，如《青岛统计年鉴》《青岛市国民经济和社会发展统计公报》《青岛市生态环境状况公报》《山东省统计年鉴》《山东省生态环境状况公报》《中国生态环境状况公报》《中国移动源环境管理年报》《中国环境噪声污染防治报告》

和《中国电动汽车充电基础设施促进联盟年报》等。此外，指标对应的数据值也来源于行业内具有一定权威的企业公开的统计数据。作为补充，用相邻点的线性趋势和回归分析预测方法，填补个别缺失数据，保证数据的完整性。

1.6 结果分析和讨论

1.6.1 指标权重的计算结果

评价指标对应的综合权重值体现了各评价指标对于整个城市低碳客运交通评价体系的重要程度。综合权重越大，则重要程度越高。通过对综合权重的分析，有助于提取关键影响因素。依据数据集，按照式(1.1)～式(1.19)进行计算，城市低碳客运结构评价体系标准化指标数据如表1.1所示，基于各类评价方法的权重值（2015～2020年）如表1.2所示。

表1.1 城市低碳客运结构评价体系标准化指标数据

指标	2020年	2019年	2018年	2017年	2016年	2015年
DC1	1.0000	0.8469	0.6306	0.4025	0.1665	0
DC2	0	1.0000	0.0342	0.6900	0.9544	0.9715
DC3	1.0000	0.6316	0	0.5263	0.0789	0.3289
DC4	1.0000	0.9085	0.6725	0.4381	0.2078	0
PC1	0.7795	0.2538	0.6819	0	0.1912	1.0000
PC2	1.0000	0.9535	0.8263	0.1787	0	0.0108
PC3	0.7211	0.8528	1.0000	0.1401	0	0.0811
PC4	0.3934	0.2656	0.0984	0.0820	0	1.0000
SC1	1.0000	0.7154	0.6870	0.1829	0	0
SC2	1.0000	0.9757	0	0.1848	0.2561	0.2994
SC3	0.4091	0	0.5083	0.7868	0.8363	1.0000
SC4	0.9211	1.0000	0.4098	0.4573	0.1973	0
IC1	0.4804	0.2133	1.0000	0.7495	0.4305	0
IC2	0.6811	0.8319	0.8319	1.0000	0.7415	0
IC3	0	0.4782	0.7764	0.9624	1.0000	0.9679

续表

指标	2020 年	2019 年	2018 年	2017 年	2016 年	2015 年
RC1	0.1507	0.2103	1.0000	0.3218	0.0682	0
RC2	0.1443	0.0150	1.0000	0.3629	0	0
RC3	0.1802	1.0000	0	0.0978	0.1219	0.2415
DO1	0.7436	1.0000	0.9584	0.7174	0.7687	0
DO2	1.0000	0.7753	0	0.2584	0.5730	0.8427
DO3	1.0000	0.7387	0.6757	0.3604	0.1982	0
DO4	0.7500	1.0000	0.7500	0.4750	0.2750	0
PO1	0.5177	0.7699	0.5423	1.0000	0	0.7987
PO2	0	0.8500	1.0000	0.6500	0.9000	0.8000
PO3	0.6753	1.0000	0.9114	0.5221	0	0.0658
PO4	0.0435	1.0000	0.9058	0.5906	0.1449	0
SO1	0.1429	0	0.1429	0.2857	0.4286	1.0000
SO2	0.9969	1.0000	0.6035	0.1926	0	0
SO3	1.0000	0.8723	0.6087	0.2098	0.3141	0
SO4	1.0000	0.9347	0.6192	0.4015	0.2111	0
IO1	0.5892	1.0000	0.6937	0.6026	0.3597	0
IO2	1.0000	1.0000	0.5714	0.4286	0.2381	0
IO3	1.0000	0	0.8270	0.4895	0.4006	0.2197
RO1	0	0.3088	1.0000	0.4693	0.0015	0.0015
RO2	0.3223	0.5995	0.1930	1.0000	0	0.1062
RO3	0.6194	0.9153	1.0000	0	0.7060	0.4159

表 1.2　基于各类评价方法的权重值（2015～2020 年）

指标	DEMATEL-G1 法	CRITIC 法	ENTROPY 法	博弈论组合赋权法
DC1	0.0160	0.0211	0.0245	0.0200
DC2	0.0322	0.0564	0.0314	0.0278
DC3	0.0190	0.0282	0.0320	0.0237
DC4	0.0170	0.0212	0.0231	0.0197
PC1	0.0305	0.0322	0.0114	0.0267
PC2	0.0172	0.0239	0.0334	0.0290
PC3	0.0265	0.0220	0.0283	0.0312
PC4	0.0233	0.0397	0.0338	0.0322

续表

指标	DEMATEL-G1法	CRITIC法	ENTROPY法	博弈论组合赋权法
SC1	0.0349	0.0223	0.0350	0.0380
SC2	0.0409	0.0300	0.0265	0.0354
SC3	0.0335	0.0483	0.0192	0.0226
SC4	0.0259	0.0225	0.0258	0.0249
IC1	0.0387	0.0259	0.0244	0.0296
IC2	0.0364	0.0210	0.0152	0.0241
IC3	0.0236	0.0480	0.0176	0.0169
RC1	0.0219	0.0269	0.0462	0.0331
RC2	0.0071	0.0305	0.0754	0.0392
RC3	0.0182	0.0274	0.0391	0.0327
DO1	0.0350	0.0231	0.0157	0.0236
DO2	0.0268	0.0357	0.0164	0.0215
DO3	0.0404	0.0205	0.0229	0.0314
DO4	0.0216	0.0193	0.0206	0.0204
PO1	0.0415	0.0228	0.0161	0.0272
PO2	0.0211	0.0390	0.0154	0.0156
PO3	0.0196	0.0221	0.0295	0.0238
PO4	0.0357	0.0285	0.0425	0.0370
SO1	0.0433	0.0486	0.0357	0.0373
SO2	0.0315	0.0241	0.0359	0.0369
SO3	0.0272	0.0205	0.0203	0.0256
SO4	0.0483	0.0215	0.0233	0.0353
IO1	0.0302	0.0187	0.0191	0.0233
IO2	0.0300	0.0222	0.0232	0.0260
IO3	0.0271	0.0319	0.0246	0.0240
RO1	0.0147	0.0284	0.0677	0.0387
RO2	0.0262	0.0122	0.0259	0.0296
RO3	0.0169	0.0136	0.0031	0.0159

图1.3显示了应用不同方法确定权重值的结果，对比各方法所得权重值间的关系，可以观察到每种方法所得权重值的波动趋势。同时，也可以看出不同方法在同一指标的权重值确定上存在明显的差异。例如，RC2城市轨道交通线路长度变化和RO1城市轨道交通运营里程变化这两个指标在ENTROPY法中权重值非常高，但在DEMATEL-G1法中非常低。这是因为青岛市城市轨道交通正处

于刚起步的阶段，其每年的轨道线路长度和运营里程差异很大。因此，数据的离散程度过大，导致了通过 ENTROPY 法得到的权重值过大。在通过基于博弈论组合赋权法的均衡权重值的计算后，这些值得到了一定程度的修正。这也进一步说明了模型的优势。

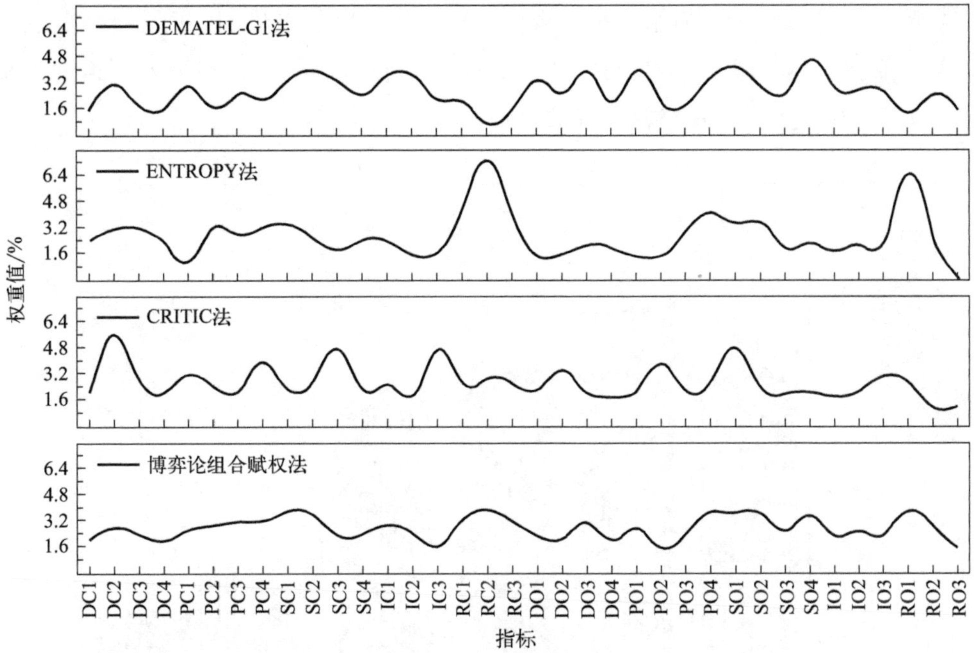

图 1.3 应用不同方法确定权重值的结果

结合单项指标的权重值可知，SC1 城市轨道线路长度、RC2 城市轨道交通线路长度变化、PO4 通勤高峰拥堵系数、SO1 百户私人汽车拥有量、SO2 城市轨道交通运营里程、RO1 城市轨道交通运营里程变化的权重值计算结果明显高于其他指标。

从准则层的角度分析可知，第一准则层的准则依据权重值由大到小排列依次是：状态（S）、压力（P）、响应（R）、驱动力（D）、影响（I）；而第二准则层中，建设阶段的权重值略高于运营阶段的权重值，综合两准则层可进一步分析。此外，将第一准则层与第二准则层的准则两两关联，可获取各关联层级下权重值最大的评价指标。可获得其他重要的影响因素如下：DC2 交通运输、仓储及邮政业固定资产投资增速，DO3 居民出行满意度，PC4 建成区绿化覆盖率，PO4 通勤高峰拥堵系数，IC1 万元地区生产总值能耗，IO2 居民平均通勤时耗。

1.6.2 历年综合值的结算结果

历年综合值反映了综合值随时间纵向变化的趋势。根据几何聚合法计算 2015～2020 年的青岛市低碳客运交通结构发展水平综合值，如图 1.4 所示。研究年限内，城市客运交通结构年综合值呈现整体增长的态势。依据综合值的变化趋势可观察到两个重要节点：自 2016 年起，综合值由平稳状态进入高速增长阶段，并于 2019 年后出现小幅下降的趋势。

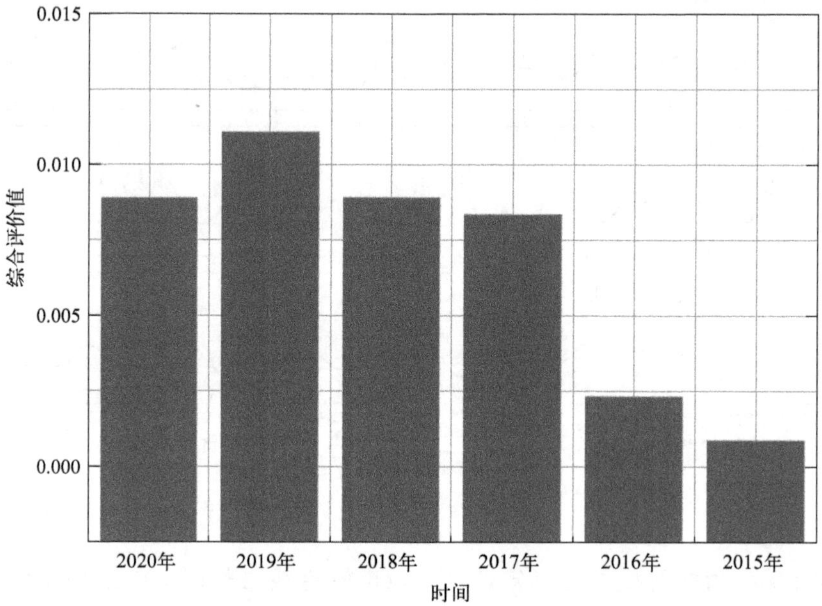

图 1.4 青岛市低碳客运交通结构发展水平综合值

1.6.3 历年障碍度值的计算结果

指标的障碍度根据 2015～2020 年的标准化数据计算。通过对障碍度排序得到城市低碳客运结构的主要限制因素，如图 1.5 所示。

由图 1.5 可知，SC1 城市轨道交通线路长度、SC2 公共汽电车线路网比例的障碍度值在多数年份中处于较高水平。部分指标的障碍度值逐年降低，主要包括：DC1 人均 GDP、DC4 人均可支配收入、PC2 人均道路面积、SC1 城市轨道交通线路长度、DO3 居民出行满意度、SO3 公共电车占比、SO4 公共交通出行分担率、IO2 居民平均通行时耗等因素。相反，近年来部分指标的障碍

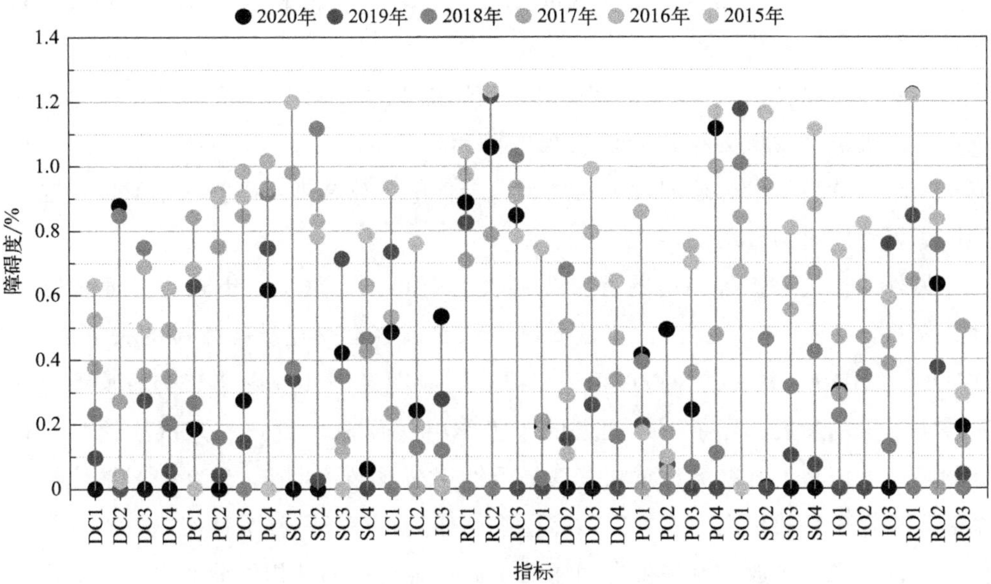

图 1.5　各个指标的障碍度值（彩图）

度值呈上升趋势。例如：SO1 百户私人汽车拥有量、SC3 乘客平均换乘系数、IC1 万元地区生产总值能耗、IC2 万元地区生产总值电耗、PO1 单位客运量污染物排放。

1.6.4　结果讨论

（1）青岛市城市客运交通结构关键因素分析

基于指标权重可以得出一些关于实际情况的分析。对于青岛市当前发展而言，城市轨道交通与私人汽车是城市低碳客运结构优化的关键。结构状态是评价当前发展阶段城市低碳客运交通结构的重点。城市交通系统的压力对城市低碳客运结构具有显著的促进作用。城市低碳客运目前处于建设发展阶段。交通运输行业资产投资对于建设阶段具有重要的推动作用。同时，城市低碳客运交通结构优化需以居民意见为重要参照。也就是说，优化城市低碳客运交通结构应从道路拥堵严重、交通时间长等约束入手。同时也体现了发展绿色交通，倡导低碳出行的重要性。

（2）青岛市城市客运交通结构发展趋势分析

根据青岛市低碳客运交通结构发展水平综合值的计算结果可分析原因。近年来在政策指引下，青岛市客运交通开始大力发展具有低碳、高效、大容量特点的公共交通系统，有效提高了城市低碳客运交通结构发展水平。2016 年年底，青岛地铁第一条线路正式投入运营，突破了青岛低碳客运交通结构发展的瓶颈，形成了第一个重要转折点。2019 年年底，新型冠状病毒肺炎疫情（以下简称新冠疫情）的突然暴发成为城市交通发展的障碍，这导致了第二个重要转折点的形成，减缓了青岛低碳客运的发展速度。综合值的计算结果与事实基本对应，这也印证了评价结果的合理性。

另外，通过分析各年份的首要限制性因素可知，SC1 城市轨道交通线路长度、SC2 公共汽电车线路网比例是限制城市交通客运交通结构发展的关键因素。DC1 人均 GDP 等指标的障碍度值逐年降低，说明经济环境影响与交通政策引导对该类因素的发展起到了一定程度的改善作用。而 SO1 百户私人汽车拥有量指标的障碍度值呈上升趋势，意味着其局限性逐渐增强。此外，SC3 乘客平均换乘系数等指标也反映出交通换乘次数多、乘客通勤距离长等社会性问题，以及能源消耗大、污染物排放严重等生态问题对于城市客运交通结构发展而言具有明显限制性。

更进一步，从量值的角度出发，以各准则层最优值为基准，对比各年份分准则综合值，如图 1.6 所示。

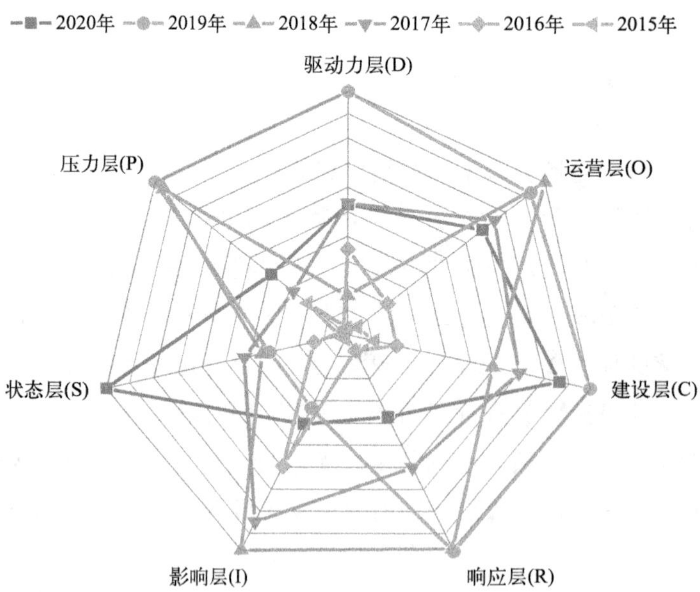

图 1.6　各年份分准则综合值与最优值对比（彩图）

由图 1.6 可观察到 2020 年青岛市城市客运交通结构的发展情况。压力层和响应层方面是主要不足，而在驱动力层、状态层和建设层取得效果较优。这反映了 2020 年城市低碳客运系统的内部发展存在放缓的趋势。但就系统整体而言，尤其是在交通建设方面，呈现出稳定发展的良好态势。

具体而言，压力层在 2018～2019 年间增长较明显，在 2020 年时有较大回落。但 2020 年压力层综合值仍然显著高于 2017 年，这也体现了近年来城市客运系统仍处于积极发展状态。在响应层和运营层上，与 2017～2019 年相比，2020 年的综合值较低。尤其是在响应层上，2020 年综合值存在明显差距，表明响应层指标对于 2020 年青岛市城市低碳客运交通结构发展存在明显的阻碍作用。障碍度值分析中，在 2020 年，响应层指标的障碍度值大多处于较高水平也印证了这一点。驱动力层在 2017 年后提升明显，其 2020 年的综合值低于 2019 年，但相较于其他年份仍处于较高水平。在 2016～2018 年，状态层的量值整体提高，并于 2020 年达到最大值。相比于其他年份，2020 年的状态层具有明显的优势。这意味着在 2020 年，状态层指标对青岛市低碳客运交通结构做出巨大贡献，同时其自身改善较为明显。影响层是 2019 年的主要短板之一，这种负面影响仍然保留到了 2020 年，表明城市低碳客运交通对于生态等外部环境的影响不可忽视。

综合来看，在下一阶段的规划中应进一步完善城市交通运营工作。同时，在已经获得的驱动力层和状态层的优势下，进一步挖掘其他准则层的潜力点，从而在补足短板的基础上实现城市交通的全面可持续发展。

(3) 模型差异性影响和研究局限性

本研究以城市低碳客运结构为研究对象，通过对结构进行评价，探索城市交通低碳发展的途径。基于 DPSIR 模型和生命周期理论思想，建立了包含 36 个指标的评价体系。本研究提出的城市低碳客运交通结构模型能够反映结构形成的因果关系及其发展的阶段性特征。具体而言，该模型可以揭示结构与外部环境、结构与城市客运系统本身之间的因果关系。与仅使用 DPSIR 模型（周雅欣等[30]）构建评价体系有显著差异的是，该模型基于生命周期理论进一步讨论了建设和运营两个不同阶段。此外，在权重组合方法方面，本研究提出了一种基于博弈论组合赋权法的评价方法。该模型结合了 DEMATEL-G1 法和基于 CRITIC-ENTROPY 法的优点。主观权重的确定采用 DEMATEL-G1 法，保留了 G1 法计算过程简单、逻辑清晰、可操作性强的特点。同时，与标准 G1 法相比，克服了 G1 法难以确定顺序关系、客观逻辑薄弱等缺点。采用 CRITIC-ENTROPY 法获得客观权重，综合考虑指标之间的冲突性、指标内部的变异性、数据离散程度和稳定性，提高了权重所包含的信息广度。

考虑到评价模型本身固有的不确定性，本研究从综合值趋势角度而不是其数值本身来讨论政策建议。本研究中所选择的指标，没有考虑某些城市包含地区特色的出行方式。同时，由于数据获取性的限制，没有考虑更具体的行人步行、非机动车出行的指标。此外，通过给各指标赋权并计算综合值的方法，很难通过某一个参数来客观判断权重是否合理，这意味着方法本身存在一定的不确定性和局限性。

本书的障碍度分析是在青岛市研究案例上进行的，对于其他区域可能会出现的不同关键因素及障碍因素，例如对于英国伦敦而言，公共交通发展趋于成熟，因此，其运营方面才是评价的重点，这也是有必要依据不同发展阶段进行评价的原因之一。对于伦敦而言，也有其公交运营特点，例如在交通方式上，双层地面公交是重要的交通运输方式，其运输能力会有显著的不同。而在运营管理方式上，伦敦公交由于由不同运营商进行管理，其竞争关系也需要在评价体系设置时加以考虑。总体来说，对于其他城市而言，需要根据城市特性建立指标体系。这意味着在本研究提出的评价框架下，有必要根据城市特点调整或增减评价体系中的具体指标，然后按照评价模型的其他内容进行评价，尤其是对于具有较大文化差异的不同国家的城市。未来将继续推进研究适应不同城市化水平和文化特色的评价指标体系，同时会建立更全面的政策建议集，以适应评价模型得到的不同结果。

1.7 小结

本研究建立了双准则层城市低碳客运交通结构综合评价指标体系。该体系旨在评价城市低碳客运交通结构，反映其成因和结果。本研究中提出了结合 DPSIR 模型与生命周期理论思想构建体系。其中，主观权重采用 DEMATEL 法对 G1 法进行改进获取。客观权重通过利用 CRITIC 法和 ENTROPY 法确定。在此基础上，通过以青岛为实例验证了评价模型有效性。所获得的综合评价值既包含了城市低碳客运结构与外部间接力的相互作用，也包含了其与内部直接力的相互作用。同时，所得的综合值更充分地反映了指标数据所包含的信息。但由于数据易获取性的限制，本研究在评价指标的选取上还有待进一步完善。而本研究所采用的改进的权重确定方法还需要在更多的城市中应用，以验证该方法的有效性。因此，未来的研究课题将研究不同发展规模和不同交通文化下的城市特征。在此基础上，本研究将继续拓展评价体系的广度和深度，对有显著价值但获取数据困难的评价指标进行深入研究将是重点。

参考文献

[1] Wang Y, Zhou Y, Zhu L, et al. Influencing factors and decoupling elasticity of China's transportation carbon emissions [J]. Energies, 2018, 11 (5): 1157.

[2] Liu D, Zhu X, Wang Y. China's agricultural green total factor productivity based on carbon emission: an analysis of evolution trend and influencing factors [J]. Journal of Cleaner Production, 2021, 278: 123692.

[3] Li R, Wang Q, Liu Y, et al. Per-capita carbon emissions in 147 countries: the effect of economic, energy, social, and trade structural changes [J]. Sustainable Production and Consumption, 2021, 27: 1149-1164.

[4] Amri F, Zaied Y, Lahouel B. Total factor productivity, and carbon dioxide emissions in Tunisia [J]. Technological Forecasting and Social Change, 2019, 146: 212-217.

[5] Chen J, Wang P, Cui L, et al. Decomposition and decoupling analysis of CO_2 emissions in OECD [J]. Applied Energy, 2018, 231: 937-950.

[6] Zhu C, Wang M, Yang Y. Analysis of the influencing factors of regional carbon emissions in the Chinese transportation industry [J]. Energies, 2020, 13 (5): 1100.

[7] Wang Q, Zhang F. The effects of trade openness on decoupling carbon emissions from economic growth—Evidence from 182 countries [J]. Journal of Cleaner Production, 2021, 279: 123838.

[8] Huang Y. Environmental Pollution Caused by the Transportation Industry and Influencing Factors of Carbon Emission: A Case Study of Jiangxi Province [J]. Environmental Pollution Technology, 2019, 18 (6): 25-36.

[9] Dhar S, Pathak M, Shukla P R. Electric vehicles and India's low carbon passenger transport: a long-term co-benefits assessment [J]. Journal of Cleaner Production, 2017, 146: 139-148.

[10] 尚玲宇，李卫东. 北京市生态交通状况分析与评价 [J]. 生态经济，2019，35 (07)：110-115.

[11] 温惠英，杨锐烁，张子佳，等. 中等城市绿色交通发展水平评价 [J]. 城市交通，2017，15 (03)：20-26.

[12] Han C Y, Liu B, Gu S H. Nanjing waterfront scenic belt ecological traffic evaluation and recommendations [J]. Modern Urban Research, 2016 (09): 95-97.

[13] Shen Z, Zhao Q, Fang Q. Analysis of green traffic development in Zhoushan based on entropy weight TOPSIS [J]. Sustainability, 2021, 13 (14): 8109.

[14] 李沛妍. 基于系统动力学的城市低碳交通发展模式与结构优化 [D]. 西安：西安建筑科技大学，2018.

[15] Lu S, Liu Y. Evaluation system for the sustainable development of urban transportation and ecological environment based on SVM [J]. Journal of Intelligent & Fuzzy Systems, 2018, 34 (2): 831-838.

[16] 王琦，钱勇生，曾俊伟，等. 新型城镇化背景下河谷型城市绿色交通发展评价研究——以兰州市为例 [J]. 生态经济，2020，36 (04)：95-99.

[17] Huang Y F, Zhang X T, Cui S H. Indicator construction and weight of green city evaluation index system [J]. Acta Scientiae Circumstantiae. 2020, 40 (20): 4603-4612.

[18] Mao C, Yang S, Wang Q, et al. Construction and evaluation of urban sponge road traffic system structure [J]. Journal of Physics: Conference Series, 2021, 1838 (1): 012059.

[19] Unver S, Ergenc I. Safety risk identification and prioritize of forest logging activities using analytic hierarchy process (AHP) [J]. Alexandria Engineering Journal, 2021, 60 (1): 1591-1599.

[20] Bera S, Das A, Mazumder T. A multi-objective framework for multidimensional vulnerability assessment—Case of a coastal district of West Bengal, India [J]. Journal of Environmental Management, 2019, 249: 109411.

[21] 李林波，郭晓凡，傅佳楠，等. 基于云模型的城市轨道交通乘客满意度评价 [J]. 同济大学学报（自然科学版），2019，47 (03)：378-385.

[22] 赵栋煜，翁凡易，马驷. 基于综合主成分分析的铁路客运服务质量评价 [J]. 铁道运输与经济，2020，42 (03)：18-23.

[23] 李新平，瞿江文，唐结齐，等. 基于组合赋权法-TOPSIS法的北天山隧道突水风险评价研究 [J]. 水利水电技术，2019，50 (09)：114-119.

[24] 黄鑫沛，宋斐，樊林玉，等. 基于组合赋权法的海外基建环境综合评估研究 [J]. 工业工程与管理，2021，26 (03)：24-31.

[25] Xie J, Zhou X, Wang S, et al. Transaction search engine of distributed electricity market trading platform based on blockchain technology [J]. Energy Science & Engineering, 2022, 10 (2): 439-457.

[26] Chen X, Zhou F, Hu D. An improved evaluation method to assess the coordination between mineral resource exploitation, economic development, and environmental protection [J]. Ecological Indicators, 2022, 138: 108808.

[27] 吴瑞英，孙怀卫，严冬，等. 基于格网数据和博弈论组合赋权的中巴经济走廊洪灾风险评价 [J]. 农业工程学报，2021，37 (14)：145-154.

[28] 朱学耕，刘家路，高洪龙，等. 基于DEMATEL-TFNAHP的合成营作战能力评估指标权重确定方法 [J]. 火力与指挥控制，2021，46 (06)：58-63.

[29] 宋冬梅，刘春晓，沈晨，等. 基于主客观赋权法的多目标多属性决策方法 [J]. 山东大学学报（工学版），2015，45 (04)：1-9.

[30] 周雅欣，王建伟，高洁，等. 基于DPSIR的低碳交通发展评价及障碍因子分析——以北京市为例 [J]. 生态经济，2020，36 (04)：13-18.

第2章 低碳导向下的城市客运交通结构多目标优化模型

2.1 引言

城市客运结构是指城市交通系统中各种运输方式所分担的客运量比例，它是由不同的城市客运方式相互补充的复杂结构。目前，我国城市交通建设仍以增加交通基础设施规模、增大交通供给能力为主要发展方式，这对于促进当前阶段的交通发展是有效的。但由于缺乏低碳经济的支持，单纯依靠资源投入的发展方式，在未来交通需求达到峰值开始出现下落时，难免会出现交通运输设施设备利用不均衡、闲置率高的局面。

因此，在满足交通需求的前提下，通过充分利用现有资源，协调资源配置，进一步挖掘城市客运交通结构的优化潜力来引导城市低碳化发展是一个重要议题。而由于经济水平和城市化进程不同，不同城市的低碳客运结构的发展水平并不一致。因此，有必要分析城市交通结构的影响因素，建立一套具备逻辑严密、适用广泛的从低碳角度评估城市客运交通结构的评价方法，以有效识别城市客运交通结构现状；同时结合社会环境、城市布局、乘客出行需求等多方面因素，通过寻找城市客运交通最优结构，评估实际结构与最优结构的差距，挖掘生态导向下城市客运交通结构优化潜力与优化路径，在规划管理方面的决策方面为城市低碳交通发展提供参考和理论依据，促进低碳城市建设与低碳经济发展。从长远来看，结构性低碳是通过挖掘客运结构优化潜力来引导城市低碳化发展的重要议题，有助于促进城市生态进一步和谐、供需矛盾进一步缓解[1]。合理的城市客运交通结构是城市客运系统健康、有序发展的前提条件[2~4]。低碳导向下的城市客运交通结构优化问题需要以实现经济、社会、生态等多个方面综合最优为最终目标。

关于城市客运交通结构多目标优化模型的构建，过往学者主要从城市交通效能、碳排放量、经济成本的角度构建交通结构优化模型[5]，并主要以居民出行需求、土地利用资源、居民可达性、交通方式发展规模、交通能耗、环境污染为约束条件。如陈立武[6]以城市交通总效能最大化、碳排放最小化、广义成本最小为目标分别构建单、多目标优化模型，并以长沙市为实证，提出了交通优化策略。Li 等[7]以运输效用最大化、生态影响最小化、广义成本最小化为目标，构建了交通结构优化模型，并以北京市为案例应用模型，得到具体优化结构。其中，在环境影响目标中，不仅考虑了碳排放量的影响，还考虑了能源消耗和土地资源占用对生态的影响。Lin 等[8]在碳排放最小化、运输效率最大化的基础上，增加设置了就业最大化的目标，考虑了运输结构调整对劳动力吸收能力的影响，构建了中国交通运输结构的多目标优化模型，优化结果减少了 12.70％的碳排放。此外，部分学者[6,9]引入了乘客出行质量最优的指标来衡量乘客出行品质，更加适应在高质量发展背景下，乘客对于出行品质要求的追求。

优化目标较为全面地反映了城市客运交通结构发展的需要，但并未体现城市客运活动中供需主体之间的矛盾关系。根据交通运输部制定的《关于全面深入推进绿色交通发展的意见》，发展绿色交通应当充分吸收不同主体的交通需求意向。因而，有必要从不同主体考虑对城市客运交通结构优化问题的研究。如 Xu 等[10]以协调政府与乘客对城市出行需求为目标，从政府-居民角度出发构建多目标优化模型，从政府角度设置了二氧化碳排放最小化、道路拥堵最小化的目标，从居民角度设置了满意度最大化的目标，所得优化结果对于减少二氧化碳排放，缓解道路拥堵产生了明显改善效果。

由于多个目标间往往存在一定的内在冲突，难以获得唯一解使得各目标都达到最优，因此对于多目标优化问题，总体目标最优是一种基于各目标之间协调与折中处理，达到若继续优化一个目标就不得不牺牲其他目标的平衡状态。关于城市客运交通结构多目标优化模型的求解方法，多数研究采用将多目标优化转化为单目标优化的方法进行求解[11~13]，如采用目标规划法[14,15]、理想点法[16,17]、模糊数学法[18,19]求解。相对地，采用多目标进化算法在避免依赖于权重等方面更具优势，在解决各种优化问题方面表现出良好的性能[20～22]。其中，带精英策略的非支配排序遗传算法（Elitist Non-Dominated Sorting Genetic Algorithm，NSGA-Ⅱ）[23～25] 由于简单、高效、稳定的特性，广泛应用于各学科领域对多目标优化问题的求解。

综合来看，大多数研究并未体现城市客运活动中供需主体之间的矛盾关系，尤其是并未考虑由于交通工程建设产生的碳排放及能源消耗对城市客运结构造成的影响，且在优化模型的完整性上大多还存在进一步研究的空间。因此，本研究从交通供需方考虑，基于对乘客方、运营方、建设方三个不同参与主体的优化目标分析，构建以低碳为导向的城市客运交通结构多目标优化模型组，分别获取仅考虑乘客角度，结合考虑乘客方与运营方，以及综合考虑三方主体的城市客运交通结构最优比例。并以青岛市为实例，验证模型有效性，探讨其现实结构与最优结构间的差距，以及对各优化目标的作用效果，并基于结果提出关于青岛市城市客运交通结构优化的综合性建议，为青岛市及其他城市客运交通结构优化提供优化方案和参考依据。

2.2 城市客运结构优化影响因素分析

把握各主体的需求是进行考虑参与主体的城市客运交通结构优化的前提。因此，有必要从供需主体角度出发，探讨城市客运结构优化影响因素。在城市客运交通结构的形成过程中，乘客方、运营方和建设方是主要参与主体。乘客扮演了需求方的角色，运营方与建设方则扮演了供给方的角色。在结合前文所构建的城市低碳客运交通结构评价体系的基础上，从城市客运活动需求方与供给方的分析角度切入，进一步提取进行城市客运交通结构优化应考虑的影响因素。

(1) 需求方影响因素

城市居民作为城市客运活动的重要参与主体，其日常生活需要形成了城市客运需求。从需求方即乘客方的角度考虑，通常会结合自身交通出行目的，在对出行距离以及所付出的经济成本与时间成本形成预期的基础上，选择城市客运交通方式并完成交通出行行为。在综合各因素后，所有乘客个体所做出的交通运输方式选择决定了城市客运交通结构的组成。同时，从乘客群体考虑，出行距离、出行时间等因素也在一定程度上反映了城市人口规模与结构所导致的城市客运交通结构变化。例如，城市人口规模大，容易导致交拥堵问题突出，选择公共交通出行所耗费的时间成本较少，而选择非公共交通出行方式的耗费则更多。

(2) **供给方影响因素**

在城市客运活动中，建设方提供城市交通基础设施，运营方推动与保障城市客运实行，两者作为交通供给的重要主体，共同为需求方提供城市客运交通服务。城市客运宏观环境中，社会经济发展水平、国家及地方政策导向、城市建设规模对于城市客运交通结构产生了来自外部环境的影响力；而从微观环境考虑，城市客运系统内道路网络建设、现有交通基础设施设备建设促成了城市客运交通结构的形成。此外，从内部环境考虑，在现有城市客运交通结构下，道路网络运营状况、交通基础设施设备的利用效率、客运活动所排放的二氧化碳以及所消耗的能源等因素推动了城市客运交通结构发展。

城市客运交通结构影响因素分析如图 2.1 所示。

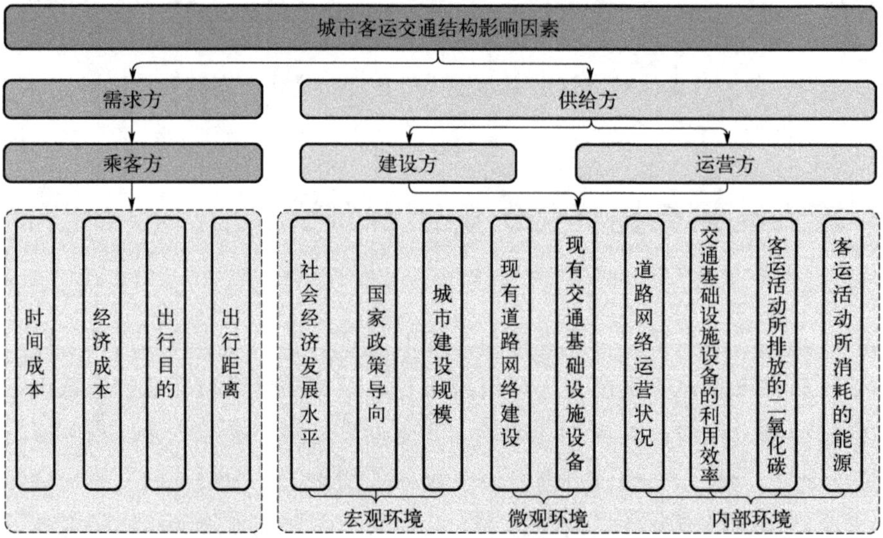

图 2.1　城市客运交通结构影响因素

2.3　多目标优化模型构建思路

2.3.1　模型构建原则

(1) **满足客运需求的原则**

满足客运需求是进行客运交通结构优化的基本前提。优化后的客运交通结构应当满足基本的客运量需求。同时，从城市交通长远发展的角度考虑，单一发展某一种交通运输方式并不能满足乘客交通运输方式多样性的需求，而推动城市客运交通一体化发展是满足交通需求的必然结果。此外，还应在此基础上进一步满足乘客对于服务质量的需求，以适应交通高质量化发展的需求。

(2) 体现参与主体的原则

基于城市客运交通结构形成过程中供需主体影响因素的分析，城市客运交通结构优化应体现城市客运活动中乘客方、运营方和建设方三方参与主体的不同需求。因此有必要基于不同参与主体的优化目标分析，构建考虑参与主体的城市客运交通结构优化模型，体现不同主体之间的影响关系，以及各主体对于城市客运交通结构形成与发展的作用。

(3) 结构均衡性的原则

在城市客运交通供给方与需求方彼此影响、相互促进的过程中，为满足动态变化的城市客运需求，当前存在的城市客运交通供给水平应进行相应调整，相对地，交通供给能力形成反作用，进一步影响居民交通出行需求，打破原有的城市客运交通结构平衡状态。因此，城市客运交通结构优化有必要基于供需关系，考虑在长期的需求方与供给方相互促进、彼此制约的博弈过程中，各交通运输方式协调发展，达到新的平衡结构。

(4) 生态友好的原则

面向城市交通与生态环境之间的矛盾，充分利用有限的交通资源比一味追求提高交通运输能力更能适应“双碳”背景下城市交通低碳化的发展需求。因此，城市客运交通结构优化应考虑碳排放及能源耗费的影响，实现以低污染、低耗能、高利用、高效率为优化方向，以推动建立生态友好、可持续化发展的城市客运交通系统为目标的综合优化。

2.3.2 模型构建框架

从供需角度考虑，为满足乘客方需求，运营方和建设方作为供给方提供交通运输服务，三者共同参与了城市客运活动。在实际客运过程中，三方之间相互影响，可梳理成链条关系。具体地，建设方通过道路等基础设施建设，形成城市交通客运系统的基本条件；运营方通过车辆安排等实现运营管理，为乘客提供常规公交、轨道交通等公共交通出行方式；基于以上初始条件，乘客方根据现有交通网络进行交通出行方式选择，从而呈现城市客运交通结构；而乘客方的选择结果将产生反向作用，促使运营方、建设方进一步调整客运结构，进而形成新的基础设施设备建设及运营方案。

在城市现有的由建设方、运营方提供的条件下，依据该参与主体间的顺序关系及所包含参与主体的范围，可分层次探讨并构建多目标优化模型，分别为 Passenger Subjects（PS）模型、Passenger-Operation Subjects（POS）模型以及 Passenger-Operation-Construction Subjects（POCS）模型。低碳导向下考虑参与主体的城市客运交通结构多目标优化模型的构建框架如图 2.2 所示。

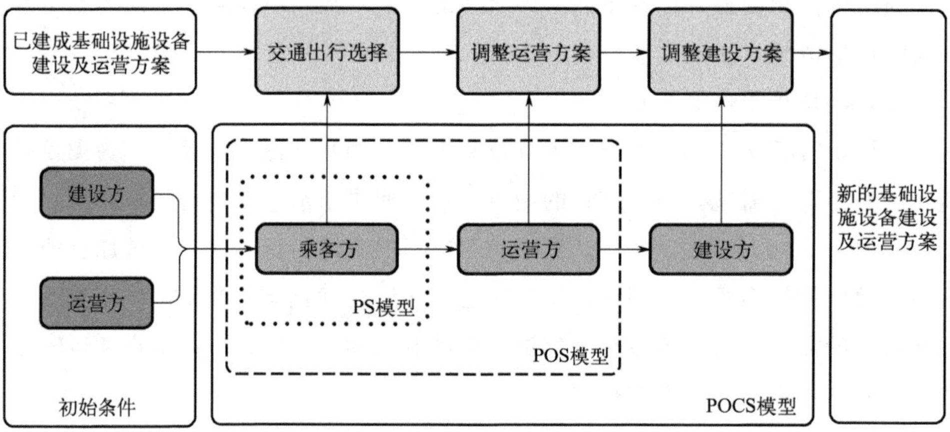

图 2.2　低碳导向下考虑参与主体的城市客运交通结构多目标优化模型的构建框架

(1) PS 模型

城市客运的首要前提是满足乘客方的需求，因而乘客出行意愿是城市交通结构优化的重要参考依据。PS 模型是考虑单一乘客主体的多目标优化模型。该模型探讨了乘客群体仅从自身利益出发选择交通运输方式时，所形成的城市客运交通结构。所得结果反映了当前城市环境下乘客群体的出行意愿，有助于通过探讨对乘客吸引力程度较强或较弱的交通运输方式，分析从乘客角度优化客运交通结构的侧重点，从而为考虑乘客意愿的城市客运交通规划提供参考。

(2) POS 模型

从乘客角度出发，可以体现出行者对交通运输方式的偏好，但从城市整体客运交通结构发展考虑，客运方式一体化、客运结构均衡性发展更有利于城市可持续发展。因此，在 PS 模型的基础上，加入对运营主体的考虑，构建了考虑乘客与运营主体的 POS 模型。该模型在考虑乘客需求的前提下，增加了对运营方优化目标的考虑。该模型的目的是检验在当前已有的建设环境中，结构应该如何变化才能获得最优值。该模型探讨了在已建成的城市环境中，不考虑过去因工程建设造成的碳排放、能耗的前提下，所能取得的优化效益。

（3）POCS 模型

POCS模型是在POS模型的基础上，进一步考虑建设主体的需求，形成了更具有全面性和综合性的多目标优化模型，探讨的是基于三方角度、由全局出发进行优化的效果。该模型在当前建设环境下运营方需求的基础上，进一步考虑了交通工程建设阶段的交通碳排放、能耗量的影响。所得结果反映了交通工程建设，尤其是道路建设对于城市客运交通结构形成的影响，探讨了综合考虑过去与当下环境后，城市客运交通结构的优化方向。

此外，为了保证模型的完整性和严谨性，模型还应满足以下前提假设。

① 模型以城市为研究区域，固定城市客运总量，不考虑研究区域与其他区域产生的过境交通、城际交通等人口流动。

② 模型依据已有的城市交通资源建立，各交通运输方式的主要相关参数均处于稳定状态，不考虑参数在不同时间段的波动。

③ 研究区域的内部资源环境及二氧化碳排放量处于相对封闭状态，不考虑周边城市对研究区域的影响。

2.4 分主体优化目标分析

基于前文分析，依据城市客运活动的参与主体，分别探讨低碳导向下城市客运交通结构模型中乘客方、运营方与建设方的优化目标。

2.4.1 乘客方优化目标

乘客方进行交通运输方式选择时，主要从出行成本和出行感受等微观角度考量。低碳出行短期内对于乘客利益并无明显的直接影响，这意味着在假设乘客以自身利益最大化或出行成本最小化为目标时，乘客群体并不具备主动选择低碳出行方式的意识。因此在城市客运交通结构优化模型中，低碳因素并非乘客考虑因素。乘客方优化目标函数主要包括乘客交通出行货币成本最小化、乘客交通出行时间成本最小化、乘客交通出行拥堵成本最小化、乘客交通出行品质最优化。

（1）乘客交通出行货币成本

乘客交通出行货币成本指的是乘客方对于交通运输活动所付出的显性货币成本，主要包含乘坐不同交通工具所需要支付的乘车费用。具体地，出行货币成本通常表现为常规公交、轨道交通的票价，出租车的打车费用，私家车的油耗成本及停车成本。因此，乘客交通出行货币成本可表示为

$$F_{\mathrm{m}}=\sum_{i=1}^{n}x_i u_i \tag{2.1}$$

式中，n 表示交通运输方式的数量；F_{m} 表示乘客总出行货币成本；x_i 表示第 i 种交通运输方式所承担的出行量占交通出行总量的比例；u_i 表示第 i 种交通运输方式每次出行的货币成本。

（2）乘客交通出行时间成本

乘客交通出行时间成本是乘客方参与客运活动所需付出的主要隐形成本，是乘客个体为了达到出行目的所耗费的时间价值，可以用乘客个体在工作中耗费相同时间所能获取的经济收益来衡量，具体表示为

$$F_{\mathrm{h}}=\sum_{i=1}^{n}x_i H_i W \tag{2.2}$$

式中，H_i 表示第 i 种交通运输方式每次出行的平均出行时间；W 表示城市居民单位小时的时间价值。

其中，城市居民单位小时的时间价值依据城市居民平均小时收入确定，可由式(2.3) 计算得到。

$$W=\frac{M}{mD} \tag{2.3}$$

式中，M 表示城市居民平均月收入；m 表示城市居民平均月工作天数；D 表示城市居民平均日工作时间。

城市居民平均月收入基于城市平均年薪计算，平均月工作天数、平均日工作时间按照国家法律规定，分别按照 22 天、8h 进行计算。居民平均出行时间包含了乘车时间、换乘时间、候车时间、进出站时间，如下式所示。

$$H_i=h_{\mathrm{t}_i}+h_{\mathrm{f}_i}+h_{\mathrm{w}_i}+h_{\mathrm{s}_i} \tag{2.4}$$

式中，h_{t_i} 表示乘坐第 i 种交通工具的时间；h_{f_i} 表示第 i 种交通工具的换乘时间；h_{w_i} 表示第 i 种交通工具的等待时间；h_{s_i} 表示第 i 种交通工具的进出站时间。

因此，乘客出行时间成本的公式可表示为

$$F_{\mathrm{h}}=\frac{\sum_{i=1}^{n} x_{i} H_{i} M}{m D} \tag{2.5}$$

(3) 乘客交通出行拥堵成本

对于乘客主体而言，拥堵费用主要包含出租车、私家车在道路拥堵时产生的额外费用。具体地，出租车需要乘客支付额外的拥堵成本，乘私家车出行的乘客需支付直接的燃料成本。因此，乘客出行拥堵成本可表示为

$$F_{\mathrm{c}}=F_{\mathrm{ca}}+F_{\mathrm{cb}}=p_{\mathrm{a}} t_{\mathrm{a}}^{*} \frac{Q x_{\mathrm{a}}}{N_{\mathrm{a}}}+p_{\mathrm{b}} \frac{v_{\mathrm{b}}^{*} t_{\mathrm{b}}^{*}}{k_{\mathrm{b}}} \times \frac{Q x_{\mathrm{b}}}{N_{\mathrm{b}}} \tag{2.6}$$

式中，F_{c} 表示乘客出行拥堵成本，F_{ca}、F_{cb} 分别表示拥堵打车成本和拥堵油耗成本；Q 表示各交通运输方式的年总出行量；x_{a}、x_{b} 分别表示出租车、私家车承担的客运量占总客运量的比例；p_{a}、p_{b} 分别表示打车时低速行驶费用、燃油价格；v_{b}^{*} 表示私家车拥堵路段平均车速；t_{a}^{*}、t_{b}^{*} 分别表示出租车、私家车出行的平均延误时间；k_{b} 表示平均燃油效率；N_{a}、N_{b} 分别表示出租车、私家车的单车载客容积。

(4) 乘客交通出行品质

乘客交通出行品质目标体现了随着生活水平日益提高，乘客方对于交通出行舒适度有了进一步追求。提高交通出行舒适性是推动交通高质量化发展的重要举措。乘客交通出行品质可以拥挤度，即乘客可使用的面积大小来衡量。拥挤度越小，则交通出行品质越优。乘客出行品质目标函数可表示为

$$\max F_{\mathrm{q}}=\min F_{\mathrm{cd}} \tag{2.7}$$

$$F_{\mathrm{cd}}=\sum_{i=1}^{n} x_{i} Y_{i}=\sum_{i=1}^{n} x_{i} \frac{N_{i}}{m_{i}} \tag{2.8}$$

式中，F_{q} 表示乘客交通出行品质；F_{cd} 表示拥挤度；Y_{i} 表示第 i 种交通运输方式的拥挤度；N_{i} 表示第 i 种交通运输方式的单车载客数；m_{i} 表示第 i 种交通运输方式的平均车辆面积。

常规公交及轨道交通等公共交通方式有固定的发车计划，其实际载客行为发生在固定时间段内。因此，常规公交与轨道交通的平均载客率可依据发车频率占全线路运营时间比重计算，可表示为

$$N_{i}=\frac{Q x_{i} n_{i}}{r_{i} I_{i} \times 365} \qquad i=1,2 \tag{2.9}$$

式中，n_i 表示第 i 种交通运输方式的发车频率；r_i 表示第 i 种交通运输方式的线路总数；I_i 表示第 i 种交通运输方式的日均运营时间。

2.4.2 运营方优化目标

运营方在维护城市客运交通系统正常运转的前提下，还应达到降本增效的目的。同时，在低碳导向下，降低碳排放也是运营方的重要优化方向。因此在城市客运交通结构优化模型中，运营方所设置的优化目标函数主要包括交通路网使用效率最大化、运营碳排放量最小化以及运营成本最小化。

(1) 交通路网使用效率

从运营方角度考虑，在有限的城市交通道路资源的前提下，应当尽可能充分提高资源利用效率。居民人均占用的交通资源可以反映城市道路通行状况，从而评估交通路网使用效率。因此，交通路网使用效率目标函数可表示为

$$F_{\mathrm{ne}}=\sum_{i=1}^{n} Qx_i z_i \tag{2.10}$$

式中，F_{ne} 指的是交通路网使用效率；z_i 指的是第 i 种交通运输方式的人均动态占地面积。

(2) 运营碳排放量

城市客运是推动城市低碳化发展的重点领域。在满足客运需求的同时，减少碳排放量是运营方构建合理城市客运交通结构需要考虑的重要目标之一。在运营阶段，各交通运输方式的碳排放量主要由客运活动产生，可表示为

$$F_{\mathrm{oec}}=\sum_{i=1}^{n} Qx_i c_i l_i \tag{2.11}$$

式中，F_{oec} 表示交通运营碳排放量；c_i 表示第 i 种交通方式的碳排放因子；l_i 表示第 i 种交通运输方式的平均出行距离。

(3) 运营成本

在乘客使用交通运输工具的过程中，通常会产生能源的耗费。此外，由于交通拥堵或交通事故的影响，往往会产生需由运营方承担的外部成本，通常表现为在城市客运活动过程中由运营方承担的拥堵成本、事故成本以及运营能耗成本。

① 拥堵成本。与乘客方所承担的拥堵成本互补的是，运营方需承担常规公交、轨道交通等公共交通运输方式因拥堵产生的额外费用，可表示为

$$F_{\mathrm{of}}=p_{\mathrm{b}}\frac{v_i^* t_i^*}{k_i}\times\frac{Qx_i}{N_i} \tag{2.12}$$

式中，F_{of} 表示运营方拥堵油耗费；v_i^* 表示拥堵路段平均车速；t_i^* 表示第 i 种交通运输方式的平均延误时间；k_i 表示第 i 种交通运输方式的平均燃油效率。

② 事故成本。事故成本指的是由于交通事故发生导致的财产损失和所产生的相应医疗补贴，以及交通监督、消防救护、司法服务等方面的公共成本，可表示为

$$F_{\mathrm{ac}}=\sum_{i=1}^{n}Qx_i\tau_i \tag{2.13}$$

式中，F_{ac} 表示事故费用；τ_i 表示第 i 种交通运输方式的车均交通事故成本。

③ 运营能耗成本。运营能耗主要由客运量产生，且能源消耗问题与碳排放问题紧密联系，能耗量直接影响碳排放量。探讨运营能耗成本问题不仅需要体现减少能耗量的目标，而且有必要考虑所耗费能源的价值。由于价格在一定程度上反映了能源的稀有程度和使用成本，因此可基于能源的单位成本对运营能耗成本进行量化。因此运营能耗成本可表示为

$$F_{\mathrm{oec}}=\sum_{i=1}^{n}e_iQx_i\mathrm{pq} \tag{2.14}$$

式中，F_{oec} 表示运营能耗成本；e_i 表示第 i 种交通方式的人均能耗量；pq 表示标准煤单价。

因此，运营方成本可表示为

$$F_{\mathrm{oc}}=F_{\mathrm{of}}+F_{\mathrm{ac}}+F_{\mathrm{oec}}=p_{\mathrm{b}}\frac{v_i^*t_i^*}{k_i}\times\frac{Qx_i}{N_i}+\sum_{i=1}^{n}Qx_i\tau_i+\sum_{i=1}^{n}e_iQx_i\mathrm{pq} \tag{2.15}$$

2.4.3 建设方优化目标

作为城市交通建设的规划者，建设方同样需要考虑交通路网使用效率、碳排放量、投资成本等因素。其中交通路网效率目标与运营方相同。而与运营方目标有所不同的是，建设方侧重于考虑建设阶段产生的碳排放活动与资金投入。其中，投资主要用于交通基础设施的建设，可通过建设耗费的能源价值衡量。因此，建设方目标函数为建设碳排放强度目标和建设能耗成本目标。

(1) 建设碳排放强度

与依据客运活动发生数量确定的运营碳排放量显著不同的是，从建设方的角

度考虑碳排放量应侧重于生产阶段，探讨交通工程建设的碳排放量，可基于“自上而下”的碳排放测算思想，从材料的消耗量来衡量。基于这一思想，可获得每千米公路或者轨道交通建设所消耗的碳排放量。同时，碳排放量与城市客运交通结构之间的联系，可以通过碳排放强度构建。

普遍意义上的碳排放强度一般指单位 GDP 的二氧化碳排放量，随着技术进步和经济增长而下降。而以城市低碳客运结构为研究对象时，为反映碳强度与客运结构之间的关系，可类比能源强度的概念来表示碳排放强度。能源强度的概念目前有两种普遍解释，一是被理解为一个国家或一个地区、部门、行业每单位产值所消耗的能源量。对一个国家或地区，通常指的是单位 GDP 能耗，这与目前广泛使用的碳强度概念相似。二是被理解为产品能耗，指在一定时期内，生产某种产品所消耗的各种能源总量与对应产品的产量之比。由此，建设碳排放强度可以理解为在一定时期内客运活动所产生的碳排放量与对应客运周转量之比。

从交通方式的角度考虑，常规公交、出租车、私家车等依托于道路的交通运输方式的建设碳排放主要来源于公路建设。依据《公路工程技术标准》（JTG B01—2014），可根据公路的使用任务、功能和适应的交通量将公路分为五个等级：高速公路、一级公路、二级公路、三级公路、四级公路。而轨道交通的建设碳排放主要来源于轨道交通工程建设，以盾构区间及地铁站为主。因此，建设碳排放强度可表示为

$$F_{\text{cec}}=F_{\text{cec-road}}+F_{\text{cec-rail}}=\frac{\sum_{i=1}^{5}q_i\text{LK}_i}{\sum_{i=1,3,4}Qx_il_i}+\frac{q_g\text{LK}_g}{Qx_2l_2} \tag{2.16}$$

式中，F_{cec} 表示建设碳排放强度；$F_{\text{cec-road}}$、$F_{\text{cec-rail}}$ 分别表示路面交通运输方式和轨道交通方式的建设碳排放强度；q_i 表示第 i 级公路建设每千米的碳排放量；LK_i 表示第 i 级公路的里程数；q_g 表示轨道交通建设每千米的碳排放量；LK_g 表示轨道交通的里程数。

(2) 建设能耗成本

建设能耗成本反映了建设阶段的投入成本，同时也反映了能源消耗价值，主要包括地上交通运输方式和轨道交通方式的建设能耗成本。类比建设碳排放强度目标，能耗成本与客运量之间的联系可通过单位运输量所分摊的能耗成本来衡量。具体地，目标函数可表示为

$$F_{\mathrm{eci}}=\frac{\sum_{i=1}^{5}\sum_{j=1}^{n}d_{ij}\theta_j\,\mathrm{LK}_i\times \mathrm{pq}}{\sum_{i=1,3,4}Qx_il_i}+\frac{\sum_{j=1}^{n}g_j\theta_j\,\mathrm{LK}_{\mathrm{g}}\times \mathrm{pq}}{Qx_2l_2} \tag{2.17}$$

式中，F_{eci} 表示建设能耗成本；d_{ij} 表示第 i 级公路建设第 j 种能源每千米的消耗量；θ_j 表示第 j 种能源的标准煤系数；g_j 表示轨道建设第 j 种能源每千米的消耗量。

2.5 模型约束条件分析

围绕目标函数，城市交通客运结构受人口、经济、城市规模等因素影响，存在限制，具体包括乘客出行需求限制、道路资源限制、可达性限制和数学限制。

(1) 乘客出行需求限制

满足乘客出行基本需求是进行城市客运交通结构优化的前提条件。因此，优化后的城市客运交通结构所能承担的客运周转量之和应当满足城市居民日常出行需求，从而维持城市客运系统正常运作。乘客出行需求限制可表示为

$$\sum_{i=1}^{n}Qx_il_i \geqslant PLU \tag{2.18}$$

式中，P 表示城市常住人口数量；L 表示城市居民单次出行平均距离；U 表示城市居民单日平均出行次数。

(2) 道路资源限制

城市客运方式依托于城市道路建设。因此城市道路资源对于各交通运输方式的发展存在限制。常规公交、出租车及小汽车等路面客运方式受限于公路建设所占用的道路资源；常规公交与轨道交通运输占用的资源应受限于运营线路建设所占用的道路资源。因此，道路资源的限制可表示为

$$x_iz_i \leqslant \mathrm{GS}_i \tag{2.19}$$

$$\sum_{i=1}^{n}x_iz_i \leqslant \mathrm{LS}_i \tag{2.20}$$

式中，GS_i 表示第 i 种交通运输方式的城市人均运营线路占用面积；LS_i 表示第 i 种交通运输方式的城市人均公路占用面积。

(3) 可达性限制

可达性反映了乘客到达目的地的交通便利程度。可达性越高则便利程度越高。交通可达性的强弱通常可以使用在合理出行时间内能够完成的出行距离或耗

费的时间来衡量。因此，设置可达性约束条件，体现了城市客运交通结构优化受乘客使用各交通运输方式来达到出行目的能力的限制，可表示为[26]

$$\frac{\sum_{i=1}^{n} v_i Q x_i l_i}{\sum_{i=1}^{n} Q x_i l_i} \bar{h} \geqslant R \tag{2.21}$$

式中，v_i 表示第 i 种交通方式的平均速度；$\bar{h}$ 表示居民平均出行时间；R 表示城市等效半径，可根据城市建成区面积计算。

(4) 数学限制

根据模型变量的数学特点，还应满足以下基本限制。

$$\sum_{i=1}^{n} x_i = 1 \tag{2.22}$$

$$x_i > 0 \quad i = 1, 2, \cdots, n \tag{2.23}$$

2.6 多目标优化数学模型

(1) PS 多目标优化模型

所构建的PS模型从微观角度考虑乘客选择交通运输方式时，受到实际经济成本、时间成本、交通质量等不同维度的影响，其中经济成本包含了实际支付的货币成本以及隐性的拥堵成本。PS多目标优化模型单独考虑了包含乘客出行货币成本最小化、出行时间成本最小化、出行拥堵成本最小化以及出行品质最优化在内的乘客方目标函数，其目标函数及相应约束条件如式(2.24)所示。

$$\begin{cases} f_{1.1} = \min F_{\mathrm{m}} = \sum_{i=1}^{n} x_i u_i \\ f_{1.2} = \min F_{\mathrm{h}} = \dfrac{\sum_{i=1}^{n} x_i H_i M}{mD} \\ f_{1.3} = \min F_{\mathrm{c}} = p_{\mathrm{a}} t_{\mathrm{a}}^{*} \dfrac{Q x_{\mathrm{a}}}{N_{\mathrm{a}}} + p_{\mathrm{b}} \dfrac{v_{\mathrm{b}}^{*} t_{\mathrm{b}}^{*}}{k_{\mathrm{b}}} \times \dfrac{Q x_{\mathrm{b}}}{N_{\mathrm{b}}} \\ f_{1.4} = \min F_{\mathrm{cd}} = \sum_{i=1}^{n} x_i Y_i = \sum_{i=1}^{n} x_i \dfrac{N_i}{m_i} \end{cases}$$

$$
s.t.\begin{cases}\sum_{i=1}^{n} Qx_i l_i \geqslant PLU \\ x_i z_i \leqslant \mathrm{GS}_i \\ \sum_{i=1}^{n} x_i z_i \leqslant \mathrm{LS}_i \\ \dfrac{\sum_{i=1}^{n} v_i Qx_i l_i}{\sum_{i=1}^{n} Qx_i l_i}\bar{h} \geqslant R \\ \sum_{i=1}^{n} x_i = 1 \\ x_i > 0 \quad i=1,2,3,4 \end{cases} \tag{2.24}
$$

(2) POS 多目标优化模型

所构建的POS模型是在PS模型的基础上，综合考虑了包含乘客方目标与运营方目标在内的多目标优化模型，与PS模型相比，进一步囊括了交通路网使用效率最大化、运营碳排放量最小化以及运营成本最小化目标。POS多目标优化模型的目标函数及相应约束条件如式(2.25) 所示。

$$
\begin{cases} f_{1.1} = \min F_{\mathrm{m}} = \sum_{i=1}^{n} x_i u_i \\ f_{1.2} = \min F_{\mathrm{h}} = \dfrac{\sum_{i=1}^{n} x_i H_i M}{mD} \\ f_{1.3} = \min F_{\mathrm{c}} = p_{\mathrm{a}} t_{\mathrm{a}}^{*} \dfrac{Qx_{\mathrm{a}}}{N_{\mathrm{a}}} + p_{\mathrm{b}} \dfrac{v_{\mathrm{b}}^{*} t_{\mathrm{b}}^{*}}{k_{\mathrm{b}}} \times \dfrac{Qx_{\mathrm{b}}}{N_{\mathrm{b}}} \\ f_{1.4} = \min F_{\mathrm{cd}} = \sum_{i=1}^{n} x_i Y_i = \sum_{i=1}^{n} x_i \dfrac{N_i}{m_i} \\ f_{2.1} = \min F_{\mathrm{ne}} = \sum_{i=1}^{n} Qx_i z_i \\ f_{2.2} = \min F_{\mathrm{oec}} = \sum_{i=1}^{n} Qx_i c_i l_i \\ f_{2.3} = \min F_{\mathrm{oc}} = p_{\mathrm{b}} \dfrac{v_i^{*} t_i^{*}}{k_i} \times \dfrac{Qx_i}{N_i} + \sum_{i=1}^{n} Qx_i \tau_i + \sum_{i=1}^{n} e_i Qx_i \mathrm{pq} \end{cases}
$$

$$
s.t.\begin{cases}
\sum_{i=1}^{n} Qx_i l_i \geqslant PLU \\
x_i z_i \leqslant \mathrm{GS}_i \\
\sum_{i=1}^{n} x_i z_i \leqslant \mathrm{LS}_i \\
\dfrac{\sum_{i=1}^{n} v_i Qx_i l_i}{\sum_{i=1}^{n} Qx_i l_i}\bar{h} \geqslant R \\
\sum_{i=1}^{n} x_i = 1 \\
x_i > 0 \qquad i=1,2,3,4
\end{cases} \tag{2.25}
$$

(3) POCS 多目标优化模型

所构建的 POCS 模型在 PS 模型和 POS 模型的基础上，引入了建设方视角，综合考虑了包含乘客方目标、运营方目标与建设方目标在内的多目标优化模型。相比于 POS 模型，进一步考虑了建设碳排放强度最小化目标和建设能耗成本最小化目标。POCS 多目标优化模型的目标函数及相应约束条件如式(2.26) 所示。

$$
\begin{cases}
f_{1.1} = \min F_{\mathrm{m}} = \sum_{i=1}^{n} x_i u_i \\
f_{1.2} = \min F_{\mathrm{h}} = \dfrac{\sum_{i=1}^{n} x_i H_i M}{mD} \\
f_{1.3} = \min F_{\mathrm{c}} = p_{\mathrm{a}} t_{\mathrm{a}}^{*} \dfrac{Qx_{\mathrm{a}}}{N_{\mathrm{a}}} + p_{\mathrm{b}} \dfrac{v_{\mathrm{b}}^{*} t_{\mathrm{b}}^{*}}{k_{\mathrm{b}}} \times \dfrac{Qx_{\mathrm{b}}}{N_{\mathrm{b}}} \\
f_{1.4} = \min F_{\mathrm{cd}} = \sum_{i=1}^{n} x_i Y_i = \sum_{i=1}^{n} x_i \dfrac{N_i}{m_i} \\
f_{2.1} = \min F_{\mathrm{ne}} = \sum_{i=1}^{n} Qx_i z_i \\
f_{2.2} = \min F_{\mathrm{oec}} = \sum_{i=1}^{n} Qx_i c_i l_i \\
f_{2.3} = \min F_{\mathrm{oc}} = p_{\mathrm{b}} \dfrac{v_i^{*} t_i^{*}}{k_i} \times \dfrac{Qx_i}{N_i} + \sum_{i=1}^{n} Qx_i \tau_i + \sum_{i=1}^{n} e_i Qx_i \mathrm{pq} \\
f_{3.2} = \min F_{\mathrm{cec}} = \dfrac{\sum_{i=1}^{5} q_i \mathrm{LK}_i}{\sum_{i=1,3,4} Qx_i l_i} + \dfrac{q_{\mathrm{g}} \mathrm{LK}_{\mathrm{g}}}{Qx_2 l_2} \\
f_{3.3} = \min F_{\mathrm{eci}} = \dfrac{\sum_{i=1}^{5}\sum_{j=1}^{n} d_{ij}\theta_j \mathrm{LK}_i \times \mathrm{pq}}{\sum_{i=1,3,4} Qx_i l_i} + \dfrac{\sum_{j=1}^{n} g_j \theta_j \mathrm{LK}_{\mathrm{g}} \times \mathrm{pq}}{Qx_2 l_2}
\end{cases}
$$

$$
s.t.\begin{cases}
\sum_{i=1}^{n} Qx_i l_i \geqslant PLU \\
x_i z_i \leqslant \mathrm{GS}_i \\
\sum_{i=1}^{n} x_i z_i \leqslant \mathrm{LS}_i \\
\dfrac{\sum_{i=1}^{n} v_i Q x_i l_i}{\sum_{i=1}^{n} Q x_i l_i} \bar{h} \geqslant R \\
\sum_{i=1}^{n} x_i = 1 \\
x_i > 0 \quad i=1,2,3,4
\end{cases} \tag{2.26}
$$

2.7 多目标优化模型求解方法

2.7.1 目标函数去量纲化

为消除不同量纲对目标函数的影响，需要对原目标函数进行去量纲化处理。单目标函数求解所得的最大值与最小值可表示为

$$
\begin{cases}
A^{+}=\{A_1^{+},A_2^{+},\cdots,A_n^{+}\} \\
A^{-}=\{A_1^{-},A_2^{-},\cdots,A_n^{-}\}
\end{cases} \tag{2.27}
$$

式中，A^{+}是各目标函数最大值；A^{-}是各目标函数最小值；n 是目标函数的数量。

在所构建的模型中，目标函数与最小值的接近程度越大则目标函数越理想。各目标函数与最小值的接近程度可通过几何距离反映。目标函数与最大值的距离 D_i^{+}、目标函数与最小值的距离 D_i^{-} 可分别表示为

$$
\begin{cases}
D_i^{+}=\sqrt{(A_i-A_i^{+})^2} \\
D_i^{-}=\sqrt{(A_i-A_i^{-})^2}
\end{cases} \quad i=1,2,\cdots,n \tag{2.28}
$$

D_i^{-} 值相对越小，则说明该研究对象距离最小值越近，则结果越优。由此，

可以将各目标函数转化为对 D_i^- 的相对距离值 U_i 最小的求解。相对距离值 U_i 可由式(2.29) 计算得到。

$$U_i=\frac{D_i^-}{D_i^+ +D_i^-}=\frac{A_i-A_i^-}{A_i^+ -A_i^-} \tag{2.29}$$

2.7.2 基于 NSGA-Ⅱ的模型求解

最优解通过对转化后的多目标模型基于 NSGA-Ⅱ进行求解而获得。求解多目标优化模型的传统方法，通常是将多目标模型转化为单目标模型，然后进行求解。此类方法通常依赖于权重设置导致结果稳定性、客观性不足。相比较而言，基于随机搜索的启发式算法，通过求解模型的帕累托最优解，讨论了解决方案集。所得结果在多个目标之间达到平衡，更能反映优化问题的客观性和科学性。因此，本研究采用了目前适用广泛、效果稳定的 NSGA-Ⅱ，即带精英策略的非支配排序的遗传算法对模型进行求解。

1995 年，Srinivas 和 Deb 提出了以遗传算法为基础，结合帕累托最优概念的非支配遗传算法（Non-dominated Sorting Genetic Algorithms，NSGA)，在进行选择操作前对个体进行了快速非支配排序，提高优秀种群个体被保留的概率，取得了相对传统多目标遗传算法更优秀的求解效果，但存在算法计算量庞大、运算时间长、以及由于采用的是需人为指定共享半径的适应度共享策略，对主观经验的要求及依赖性极高的缺点。对此，Deb 等于 2002 年提出 NSGA-Ⅱ，进一步降低算法过程的烦琐性，提高了优化效果和运算效率。该算法采用精英策略筛选机制，将前后两代种群合并形成新的种群后进行非支配排序，减少算法计算时间的同时，扩大下一代种群的筛选范围；同时引入拥挤度比较算子作为约束规则，保障种群个体的多样性和代表性，有利于个体在整个区间内进行选择、交叉和变异。选择操作模仿优胜劣汰的自然界法则，适应度高的种群个体具有更大的被遗传到下一代的概率；交叉与变异操作模拟了自然界中染色体的交叉换位和生物的基因变异现象，用于生成新个体，决定了算法的全局搜索能力。

NSGA-Ⅱ的实现过程主要包括以下内容。

① 初始化种群，并对种群规模为 M 的初始种群 P_t 进行非支配排序和选择、交叉、变异操作，得到规模同为 M 的子种群 Q_t，将两种群合并为新种群 R_t，种群规模为 $2M$。

② 计算新种群中个体的目标函数，并基于帕累托等级定义执行快速非支配

排序。具体地，将种群中所有非支配个体，即不被其他任何个体所支配的个体的等级设定为 Level 1，将除之以外的剩余个体中的非支配个体等级设定为 Level 2，然后以此类推，直至通过支配关系将种群中所有个体排序并确定等级。帕累托等级值越小则意味着对应的解越优。

③ 通过拥挤度 N_{d} 计算使所得解在帕累托空间中的分布更加均匀。拥挤度表示空间中个体的密度值。对某个帕累托等级的个体进行拥挤度计算时，假设排序后两边界的拥挤度均为无穷，则点 i 的拥挤度计算公式为

$$N(i)=N_{\mathrm{d}}(i)+\frac{o(i+1)-o(i-1)}{o(\max)-o(\min)} \tag{2.30}$$

式中，$o(i+1)$ 和 $o(i-1)$ 分别为 i 相邻两点的目标距离增量；$o(\max)$ 和 $o(\min)$ 分别为目标函数值最大个体和目标值最小个体的目标距离增量。

④ 通过精英策略筛选机制生成新的父代种群 P_{t+1}。再对合并后的种群 R_{t} 按照帕累托等级由高到低的原则选取，直到所生成的新种群 P_{t+1} 规模达到 M，而对于帕累托等级相同的个体，按照拥挤度降序排列并依次选取，直至达到种群规模。

NSGA-Ⅱ的实现步骤如图 2.3 所示。

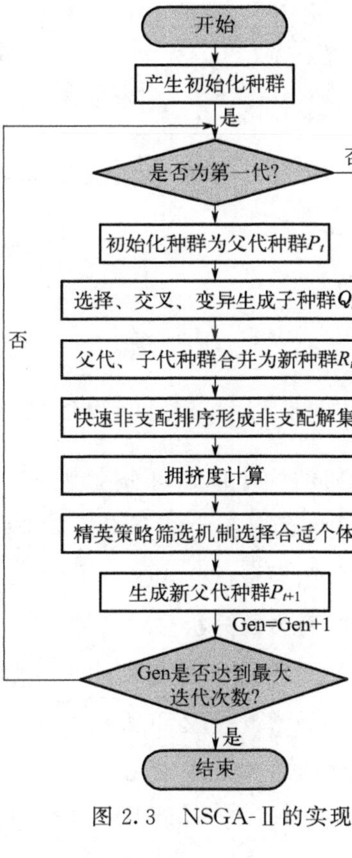

图 2.3 NSGA-Ⅱ的实现步骤

2.8 低碳导向下青岛城市客运交通结构优化结果分析

2.8.1 优化前后城市客运交通结构比例分析

为更直观地体现各模型优化后结果的差异，优化前后的城市客运交通结构比例及调整幅度由图 2.4 表示。

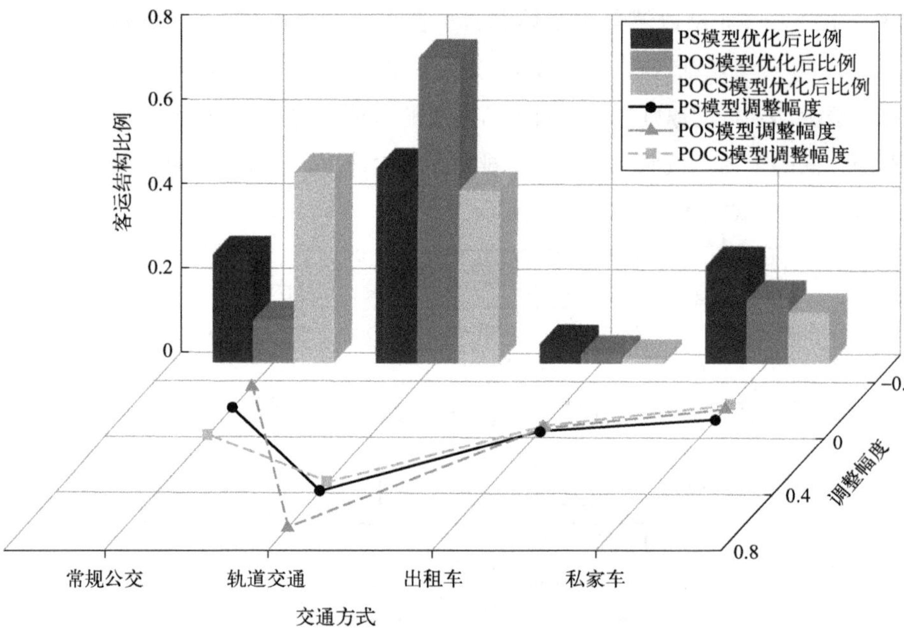

图 2.4 优化前后的城市客运交通结构比例及调整幅度

关于优化前后的城市客运交通结构比例，可分别基于 PS 模型、POS 模型、POCS 模型进行关于运输方式对乘客的吸引力的分析、基于建成环境的优化结果分析、基于三方角度的综合性优化结果分析。

(1) 关于运输方式对乘客的吸引力的分析

根据结果，单从需求方，也就是乘客方的角度出发，轨道交通所占比例最高，将近占总客运量的一半。其次是常规公交和私家车，出租车比例相对较低。此外，优化后的结构比例中公共交通运输方式占比 76.53%。同样作为载客量较大的公共交通运输方式，常规公交承担的客运量占轨道交通的 54.91%。在调整幅度方面，公共交通的调整幅度为上升 12.74%。其中，只有轨道交通在优化后占比提高，上升幅度为 38.31%。其他方式均有不同幅度的下降。常规公交相对于实际值下降幅度最大，为 21.19%。出租车小幅下降，下降幅度为 4.38%。由此可见，单从乘客视角出发，在当前社会环境和足够的交通资源下，轨道交通是对于乘客吸引力最高的交通方式且提升空间最大。出租车则吸引力最低，需要进一步提高出租车吸引力。并且乘客对于公共交通运输方式的需求是高于现实水平的，公共交通运输方式仍有非常大的发展空间。

(2) 基于建成环境的优化结果分析

引入对运营方的考虑后，形成了以轨道交通为主要承担客运量的交通运输方式的结构。公共交通运输比例占到了 84.53%。相对于仅考虑乘客方目标而言，常规公交、轨道交通和私家车的占比进一步下降。而轨道交通结构比例进一步扩大，达到了 72.36%。并且，常规公交与轨道交通之和占比 82.37%，占据了绝对主导地位。由此可见，城市公共交通，尤其是轨道交通运输方式，在建成环境下可取得较大的效益。

(3) 基于三方角度的综合性优化结果分析

依据 POCS 模型得到的客运结构可知，综合考虑乘客方、运营方与建设方后，公共交通运输的结构占比进一步扩大，达到了 87.49%。相对于实际值，上升幅度达到 23.7%。非公共交通出行方式下降了 23.80%。这表明了结合建设方目标后，发展公共交通运输具有更大的优越性。其中，轨道交通占比 41.01%，这与常规公交占比相近。而出租车和私家车所承担的客运量比例进一步降低。尤其是私家车调整幅度最大，下降了 23.80%。可见长期看来，实现最优结构需要大幅减少私家车所承担的客运量分担比，这需要付出庞大的工作量。

综合上述分析，基于各模型得到的优化前后的各交通运输方式的客运量占比变化趋势一致。基于各模型得到的轨道交通占比呈现不同程度的上升。其中，基于 POS 模型得到的轨道交通占比最高。由此可见，综合乘客和运营方来看，轨道交通优势最大。而相较于 POS 模型，基于 POCS 模型得到的结果上升幅度有所下降，反映了考虑建设阶段碳排量及能耗成本后，轨道交通优势有所削弱。常规公交、出租车、私家车的占比都呈现下降。具体地，基于 POCS 模型得到的常规公交占比最大，而基于 POS 模型得到的最小。对于出租车和私家车而言，随着考虑的参与主体数量的增加，其占比逐渐降低，表现出低碳导向下出租车出行方式存在的劣势。尤其是出租车，其承担客运量比例极低，表现出较明显的劣势。因此，一方面应以常规公交与轨道交通为重点发展方式；另一方面，应进一步提高出租车和私家车的竞争性。

2.8.2 优化目标函数值分析

根据模型的优化目标设置，目标函数值越低，则意味着结果越理想。在本研究中按照参与主体对于优化目标函数值进行了分析。

(1) 关于乘客方优化目标的分析

乘客方目标优化前后的目标值如图 2.5 所示。

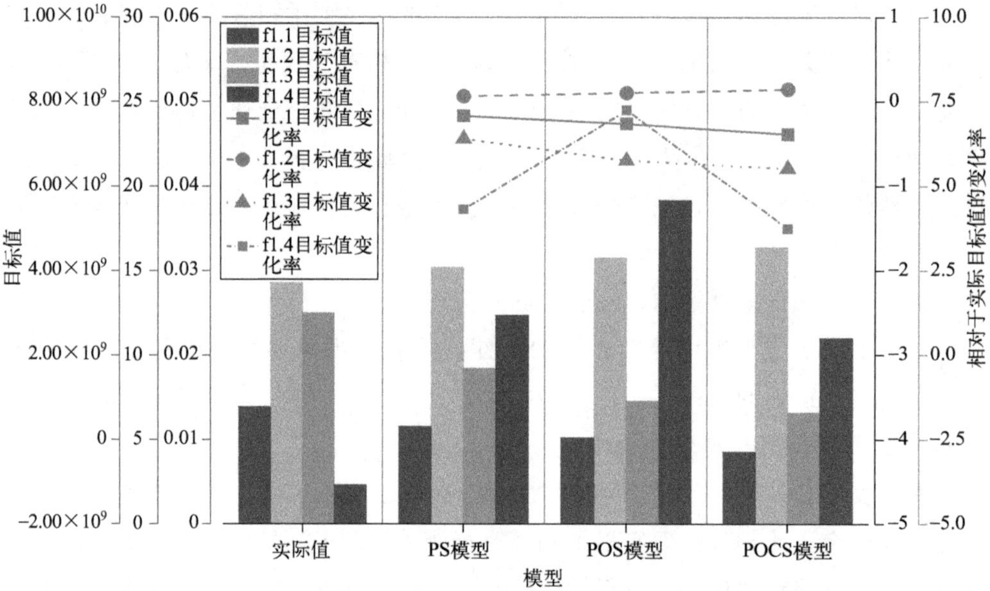

图 2.5 乘客方目标优化前后的目标值（彩图）

PS、POS、POCS 模型均包含乘客方目标函数。在本文中横向对比了各模型对目标函数值的贡献。根据结果可知，对于乘客交通出行货币成本目标 f1.1 和乘客交通出行拥堵成本目标 f1.3，基于三个模型得到的优化结果均对函数值降低有一定贡献，且贡献值依次增大。在三个模型得到的结构最优解中，出行货币成本和出行拥堵成本均有所降低。相反地，基于三个模型的优化结果均使乘客交通出行时间成本目标 f1.2 的值有所增加，增加的值极小，且增加幅度依次增大。这反映出乘客交通出行时间成本目标在优化过程中较小程度的让步。而对于乘客交通出行品质目标 f1.4，三种模型优化后的目标值均明显上升，POS 模型得到的结构相应的目标函数值最高，POCS 模型则最低。这反映出该目标在结构优化时有所让步，使得拥挤度上升显著。考虑到优化结果中，由于公共交通运输客运量分担比例显著增加，客运交通系统整体拥挤度有所上升是必然结果。此外，该结果也表明出于对乘客需求的考虑，提高出行品质是优化后需要着重关注的目标。

(2) 关于运营方优化目标的分析

运营方目标优化前后的目标值如图 2.6 所示。

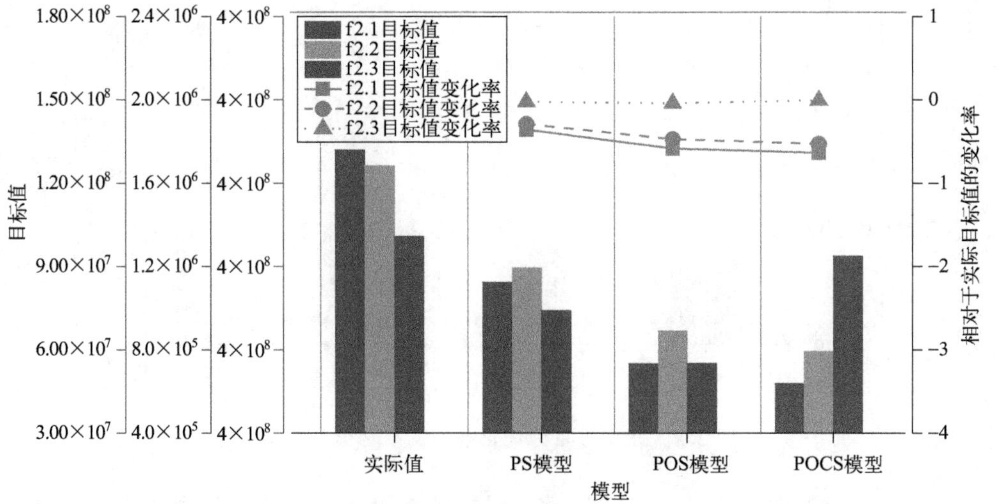

图 2.6 运营方目标优化前后的目标值（彩图）

POS 模型和 POCS 模型中都包含了运营方目标。对比结果发现，这两个模型对于运营方的三个目标都有优化效果。尤其是对于交通路网使用效率目标 f2.1 和运营碳排放量目标 f2.2 都有明显的优化效果。根据目标 f2.1 的结果可知，POS 模型优化后目标值下降了原目标值的 58.32%，POCS 模型下降了 63.70%。对于目标 f2.2，POS 模型优化后目标值下降原目标值的 47.04%，POCS 模型下降了 53.00%。而对于客运交通外部成本目标 f2.3，POS 模型优化后的目标值下降原目标值的 4.08%，POCS 模型下降了 0.63%。

此外，将 PS 模型所得结果代入目标函数可观察仅考虑乘客的优化效果。相对于实际值，优化后的运营方目标值均有所下降。其中，交通路网使用效率目标 f2.1 优化值下降了原目标值的 10.39%。运营碳排放量目标优化值 f2.2 下降了 18.37%。客运交通外部成本目标 f2.3 优化值下降了 1.96%。横向对比各模型的结果，对于 f2.1 和 f2.2，PS 模型的优化幅度约为 POS 模型和 POCS 模型的一半。对于 f2.3，PS 模型的优化效果略低于 POS 模型，略高于 POCS 模型。

(3) **关于建设方优化目标的分析**

建设方目标优化前后的目标值如图 2.7 所示。

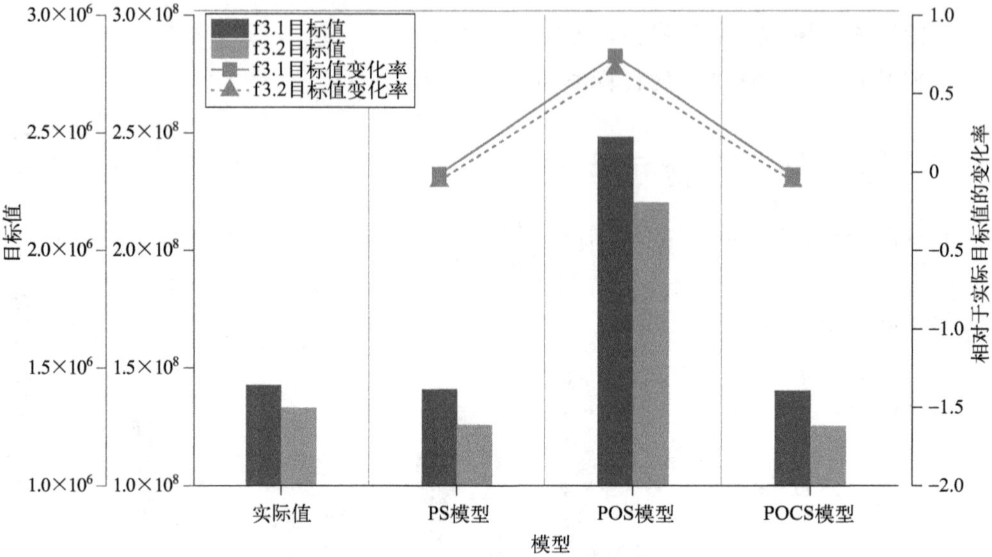

图 2.7 建设方目标优化前后的目标值（彩图）

POCS 模型中讨论了建设方目标。根据结果可知，POCS 模型优化后的结构下，建设方的两个目标值均有小幅下降。碳排放强度目标 f3.1 下降了实际目标值的 1.74%。建设能耗成本目标 f3.2 下降了 5.84%。

将 PS 模型、POS 模型对应的结构代入建设方目标函数可以横向对比三个模型。与 POCS 模型相似，PS 模型对建设方两个目标函数值下降有较小的贡献。而基于 POS 模型所得解，优化后的建设方目标函数值均有较高幅度的上升。分别提高了实际值的 74.18%、78.65%。对于建设方目标函数，基于 POCS 模型得到的值降低了基于 POS 模型得到的值的 40%以上。由此可见，考虑建设方目标后，所得优化结构下建设阶段的碳排放与能耗明显减少。此外，各模型对于建设方目标的优化效果呈现较为一致的趋势，这表明了碳排放与能源消耗之间的紧密联系。

2.9 青岛市城市客运交通结构综合性优化策略及建议

研究结果验证了模型的可行性，并提出青岛市城市客运交通结构综合性优化策略及建议，同时为其他城市提供参考方案。对于青岛市低碳客运结构优化而言，城市轨道交通线路长度既是关键影响因素，也是限制性因素。公共汽电车线路网比例障碍度较高。这意味着常规公交仍然是现阶段青岛市客运发展的瓶颈点。而驾驶私人汽车出行同样是结构优化的关键，尤其是它带来的生态问题严重影响了城市低碳化发展。因此，青岛市应当大力推进城市公共交通，尤其是城市轨道交通的发展。

关于青岛市城市客运结构优化的几点具体化的建议可以被进一步提出。

① 在宏观层面确保政策执行，突出驱动力在引导城市交通结构优化中的重要作用。通过政策的实施，强调公共交通在城市客运系统中的优先地位。

② 充分考虑微观主体在促进城市交通发展中的重要作用，即加强对居民低碳出行意识和行为的培养及引导，需要丰富低碳交通的宣传形式。同时也要考虑将公交优先作为干预措施，增加低碳对居民出行行为选择的影响，如交通碳定价、低碳里程兑换、定制公交等。

③ 要推动交通运输方式一体化建设，使得交通运输结构可以协调发展。从规划角度重视轨道交通、常规公交以及非机动出行方式的衔接问题。同时，要创新公共交通的管理模式和技术，并提高运营商们之间的合作紧密程度。在提高运营效率和降低运营成本的基础上，使其对乘客更具有吸引力。

④ 在公交车能源类型上，需要进一步增加零污染车辆的投放。同时，由于缺乏专门的非机动车道，青岛市非机动交通的发展具有很强的局限性。因此，应重视这一问题，并在现有路网基础上进行优化。

⑤ 构建城市公共交通数据平台，为交通数据分析、预测和应用提供依据。具体包括加强城市车辆出行、碳排放、交通管理、运营等方面的数据收集和统计。并在此基础上，建立有效的城市低碳客运结构评价与优化体系。根据综合评价结果，在挖掘潜力点的基础上，可以提出一系列的综合优化方案。

研究结果验证了模型的可行性，并为生态导向下青岛市城市客运交通结构优化提供发展依据和政策建议。

从城市客运交通运输方式的角度考虑，无论对于乘客个体还是城市整体规划而言，公共交通运输都可以带来更高的效益且存在巨大的发展潜力。尤其是在城市客运低碳化发展的趋势下，发展公共交通运输方式具有生态效益。因此，应当通过政策的实施，强调公共交通在城市客运系统中的优先地位。而就研究结果而言，常规公交对于乘客的吸引力较弱，因而有必要通过一系列举措加强常规公交的竞争力，如低碳里程兑换、定制公交等。此外，私家车的客运分担比例在优化后有了显著的下降，在未来城市交通规划中，应对私家车出行数量实行有效控制，如出台限行政策、实行交通碳定价等。

从需求方角度出发，应充分考虑微观主体在促进城市交通发展中的重要作用，重视乘客出行意愿，“由上而下”地从城市整体发展角度加强对乘客低碳出行意识和行为的培养及引导，丰富关于低碳交通理念的宣传形式。同时也要考虑将公交优先作为干预措施，增加低碳对居民出行行为选择的影响，进而形成“由下而上”的合力以推动城市交通低碳化发展。

从运营方的角度出发，应进一步提高运营管理效率。要推动交通运输方式一体化建设，重视不同交通运输方式的衔接问题，促进交通运输结构协调发展。值得注意的是，非机动出行方式对于交通低碳化发展意义深远。而对于青岛市而言，非机动出行相应设施及规划的缺乏对于城市整体交通运输发展具有不可忽视的局限性，有必要在现有路网基础上进行进一步优化。同时，还应加强城市交通数据的统计与管理，为交通数据分析、预测和应用提供依据。此外，应创新公共交通的管理模式和技术，提高不同交通运输方式的运营商们之间的合作紧密程度，降本增效的同时推动城市交通可持续化发展。

从建设方的角度出发，应将低碳化、绿色化目标纳入交通工程建设的考虑范围。城市客运交通运输方式的能源类型主要包括汽油、柴油、CNG（气态天然气）、LNG（液态天然气）、BEV（纯电动）、HEV（混合动力）以及氢燃料电池。因此，为促进城市客运交通结构低碳化发展，有必要扩大如氢气、纯电动等来源广泛、清洁高效的能源类型在城市客运交通建设的投入，进而实现通过改进能源技术从根本上推动城市交通绿色发展。

2.10 小结

为促进城市交通低碳发展，提出考虑参与主体的城市客运结构优化模型。从城市客运供需方角度考虑，在探讨优化影响因素的基础上，分别对乘客方、运营方、建设方三个城市客运活动参与主体的优化目标进行分析，并依据所包含参与主体范围的不同，建立包含不同主体的多目标优化模型：PS 模型仅考虑乘客方，以出行货币成本最小、出行时间成本最小、出行拥堵成本最小、交通质量最优为目标，探讨不同交通运输方式对乘客吸引力强弱；POS 模型同时考虑乘客方与运营方，进一步考虑交通路网使用效率、运营碳排放量、外部成本目标，探讨基于已建成城市环境所能取得的优化效益；POCS模型综合考虑乘客方、运营方与建设方，增加对交通工程建设阶段的交通碳排放、能耗量影响的考虑。基于NSGA-Ⅱ获取模型最优解，提供低碳导向下城市客运交通结构的优化方法。

参考文献

[1] 杨新苗，王亚华，田中兴．中国特色绿色交通城市发展战略与对策研究［J］．城市发展研究，2018，25（05）：19-24.

[2] 马健霄，邬岚，丁哲，等．交通方式结构对城市可持续发展的影响分析［J］．南京林业大学学报（自然科学版），2008，32（06）：102-106.

[3] Wang X，Zhou Y，Bi Q，et al. Research on the Low-Carbon Development Path and Policy Options of China's Transportation Under the Background of Dual Carbon Goals［J］. Frontiers in Environmental Science，2022，10：905037.

[4] Tang B J，Li X Y，Yu B，et al. Sustainable development pathway for intercity passenger transport：A case study of China［J］. Applied Energy，2019，254：113632.

[5] 陶珂．城市客运出行方式系统的结构优化及自组织演化耦合研究［D］．西安：西安建筑科技大学，2018.

[6] 陈立武．低碳目标下城市交通结构优化研究［D］．长沙：长沙理工大学，2018.

[7] Li Y，Lu S. Study on the optimization of urban passenger traffic structure based on multi-objective linear programming-a case study of Beijing［J］. Environmental Science and Pollution Research，2021，28（8）：10192-10206.

[8] Lin S，Wang J. Carbon emission reduction effect of transportation structure adjustment in China：an approach on multi-objective optimization model［J］. Environmental Science and Pollution Research，2022，29（4）：6166-6183.

[9] Zhang L，Long R，Li W，et al. Potential for reducing carbon emissions from urban traffic based on the carbon emission satisfaction：Case study in Shanghai［J］. Journal of Transport Geography，2020，85：102733.

[10] Xu Y，Tian S，Wang Q，et al. Optimization path design for urban travel system based on CO_2-congestion-satisfaction multi-objective synergy：Case study in Suzhou，China［J］. Sustainable Cities and Society，2022，81：103863.

[11] 林歆悠，叶常青，苏炼．基于Pareto的电池容量衰退权衡优化控制策略［J］．工程科学学报，2022，44（11）：1988-1997.

[12] 茅靖峰，武剑，张珍梦，等．基于AFPSO的孤岛型直流微网多目标优化研究［J］．太阳能学报，2021，42（06）：63-71.

[13] 朱晓荣，谢婉莹，鹿国微．采用区间多目标线性规划法的热电联供型微网日前调度［J］．高电压技术，2021，47（08）：2668-2679.

［14］ 徐鹏，赵玉杰，朱江涛．高 G 值冲击下变截面填充壳缓冲性能优化方法［J］．探测与控制学报，2018，40（01）：88-93.

［15］ 李志伟，赵书强，刘金山．基于相关机会目标规划的电力系统优化调度研究［J］．中国电机工程学报，2019，39（10）：2803-2816.

［16］ 周媛媛．基于广义出行费用的城市客运交通结构优化研究［D］．成都：西南交通大学，2020.

［17］ 曾韬睿，王林峰，翁其能．基于理想点法与组合赋权的围岩质量评价模型［J］．重庆理工大学学报（自然科学版），2019，33（10）：79-85.

［18］ 李沛妍．基于系统动力学的城市低碳交通发展模式与结构优化［D］．西安：西安建筑科技大学，2018.

［19］ 郝长胜，盛军坤．利用层次分析和模糊数学法优选采矿方案［J］．辽宁工程技术大学学报（自然科学版），2016，35（07）：695-700.

［20］ Tian Y，Si L，Zhang X，et al. Evolutionary Large-Scale Multi-Objective Optimization：A Survey［J］. Acm Computing Surveys，2021，54（8）：174.

［21］ Lin H，Tang C. Analysis and Optimization of Urban Public Transport Lines Based on Multi-objective Adaptive Particle Swarm Optimization［J］. IEEE Transactions on Intelligent Transportation Systems，2021，23（9）：16786-16789.

［22］ Kolak O I，Feyzioglu O，Noyan N. Bi-level multi-objective traffic network optimisation with sustainability perspective［J］. Expert Systems with Applications，2018，104：294-306.

［23］ 吴暖，王诺，黄祺．基于改进 NSGA-Ⅱ算法的班轮航线配船多目标优化［J］．工业工程与管理，2018，23（01）：79-85.

［24］ 张权，李凌琪，江恩慧，等．基于 NSGA-Ⅱ的鄂尔多斯市多目标水量分配结构优化［J］．华北水利水电大学学报（自然科学版），2022-08-25（网络首发）.

［25］ Qiao X，Yu Chen H，Shun Qi M，et al. Optimal Design of a Novel Magnetic Twisting Device Based on NSGA-Ⅱ Algorithm［J］. Autex Research Journal，2022，22（2）：194-200.

［26］ 郝长胜，盛军坤．利用层次分析和模糊数学法优选采矿方案［J］．辽宁工程技术大学学报（自然科学版），2016，35（07）：695-700.

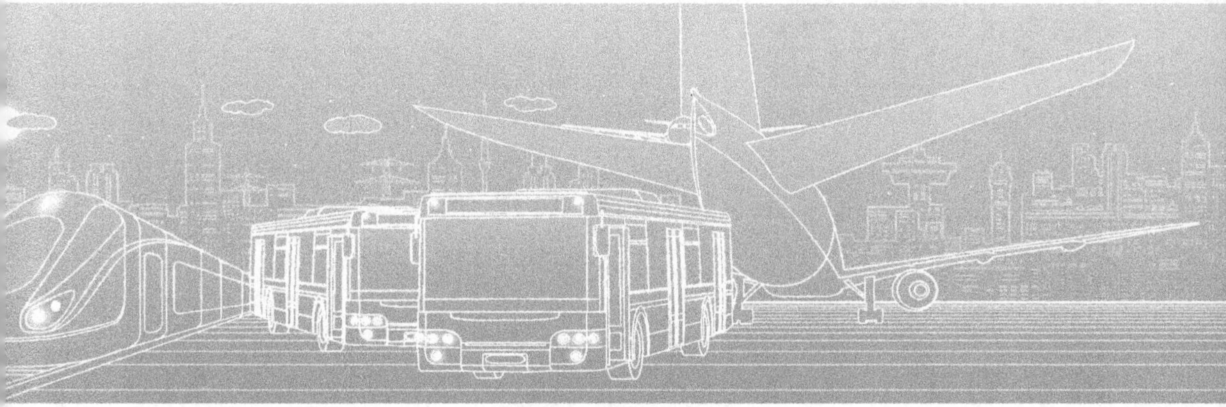

第 2 篇

城市客运碳排放量计算与预测

第3章 城市低碳客运交通碳排放测算方法

3.1 引言

为应对气候变化，减少温室气体排放，我国提出“力争于2030年前达到峰值，努力争取2060年前实现碳中和”。2020年我国的交通运输业碳排放量占比11%，是继电力和工业之后的第三大排放源。由于我国城市交通的快速发展，导致城市客运交通能耗和碳排放迅速增长。城市客运交通领域作为主要的碳排放源，是加速行业绿色低碳转型，推动交通运输高质量发展的关键。因此，有必要建立一套城市客运交通测算方法，为交通运输业制定节能减排政策提供建议和参考，进一步推动交通运输业碳排放计算结果的科学化、精准化。本研究根据发展中国家城市的交通特点，建立一套城市客运交通碳排放量测算方法，采用“自上而下”和“自下而上”相结合的方法，在充分考虑新能源汽车的发展趋势下，对各交通出行方式的不同能源类型进行分类计算，弥补当前关于城市交通碳排放测算的研究中，缺少针对混合动力汽车（HEV）以及氢燃料电池汽车（HFCV）的统计与测算的不足，并以青岛市为实例进行研究。

根据《2006年IPCC国家温室气体清单指南》[1]，交通运输业碳排放的测算方法主要分为“自上而下”法和“自下而上”法[2~5]。Knobloch等[6]采用“自下而上”的法，分析了全球59个国家的碳排放情况，最终发现其中53个国家的电动汽车碳排放强度都低于化石燃料汽车。Alam 等[7] 使用 COPERT 模型中的车辆类别特定数据和改进的“自下而上”法，对历史车辆流量表数据进行重组来计算爱尔兰道路运输的碳排放量，测算结果表明：柴油乘用车的碳排放量占比最高。Isik 等[8] 采用“自下而上”的能源系统优化模型，通过情景模拟，分析了纽约市交通运输部门提出的碳减排政策，结果表明：轻型车辆的电气化对进一步减少碳排放量有着重要影响。Jiang 等[9] 采用“自上而下”的方法测算了长江经济带 1985～2016 年的交通碳排放量，并分析了其空间格局和时序演化特征，结果表明：长江经济带交通碳排放总量呈不断上升的趋势，不同省份的交通碳排放效率存在明显的空间分异现象。Zhang 等[10] 分析总结了“自上而下”法和“自下而上”法的优点与局限性，得出结论：不同方法计算的碳排放量结果存在较大差异，不同方法的准确性和适用范围也存在较大差异。

景侨楠等[11] 通过设置合理的分配指标从省级碳排放数据中，估算出其下属城市的碳排放量，并构建了一套“自上而下”的城市能源消耗碳排放估算方法，证明了该方法的可行性和准确性，为我国城市能源消耗碳排放数据提供了科学的方法和合理的思路。陈伟迪[12] 采用“自下而上”法，计算北京市 2010～2018 年四种主要城市客运交通方式的日均二氧化碳排放量，分析发现：北京市历史交通碳排放量整体呈现逐年递增的态势，轨道交通碳排放量保持缓慢平稳的增长态势，私人小汽车的碳排放贡献增速快，增幅大，是影响城市总体排放水平的重要因素。武翠芳等[13] 采用“自上而下”的碳排放计算方法，对 2000～2013 年甘肃省交通碳排放进行测算，同时对交通碳排放总量、人均量、交通能源碳排放结构及碳排放强度等进行了动态分析，结果表明：甘肃省交通碳排放总量和人均碳排放量都呈逐年上升的趋势。廖虹云等[14] 采用“自下而上”与“自上而下”相结合的方法测算了 2017 年北京市的二氧化碳排放清单，研究发现：北京市中心仍然是碳排放最密集、强度最大的区域，在制定下一阶段的低碳发展政策时，应更加重视控制道路交通、商业楼宇和居民生活产生的碳排放。

3.2 碳排放测算方法

本研究主要针对组成城市客运交通系统的四种主要机动交通方式：公交车、私家车、出租车和轨道交通，探究城市客运交通系统中各交通方式的碳排放特征。

目前，碳排放量的测算主要是通过收集相关车辆数据和计算碳排放因子等进行研究分析。国外学者们对碳排放测算的研究方法已经到了十分成熟的阶段，而国内针对交通领域的碳排放的研究尚未具备完善的测算体系。因此，能够定量测算交通领域的碳排放量，是有效控制机动车污染排放的基础，也是能使人们充分掌握其变化趋势，开展各项碳减排工作的必要条件。根据《2006 年 IPCC 国家温室气体清单指南》，碳排放测算方法可以分为“自上而下”法和“自下而上”法两大类，其优缺点对比如表 3.1 所示。

表 3.1 碳排放测算方法对比

方法	特点	优点	不足
“自上而下”法	依据整体能源消耗计算交通碳排放量	数据易于获取，准确度高	无法体现不同交通方式的碳排放情况
“自下而上”法	依据不同交通方式的出行需求计算交通碳排放量	能够精准反映不同交通方式碳排放量，引导针对性减排措施	数据需求多，分散在不同部门、企业等，获取难度较大

“自上而下”法又称作“能源-经济模型”，是基于能源消耗和每种能源类型的碳排放系数计算总碳排放量。“自下而上”法又称作“工程技术模型”，是基于不同交通方式的车辆保有量、年均行驶里程、百公里能耗和能源碳排放因子来计算碳排放量。两种方法在数据选择和使用方面存在不同，“自上而下”法能够直接准确地测算交通碳排放量，但总油耗数据却不容易获得；“自下而上”法所需要的数据可以通过各地统计年报、统计年鉴获得，若没有年均行驶里程和百公里能耗数据，也可以采用官方或权威机构发布的间接数据或调查数据。如图 3.1 所示为碳排放测算方法的原理对比。

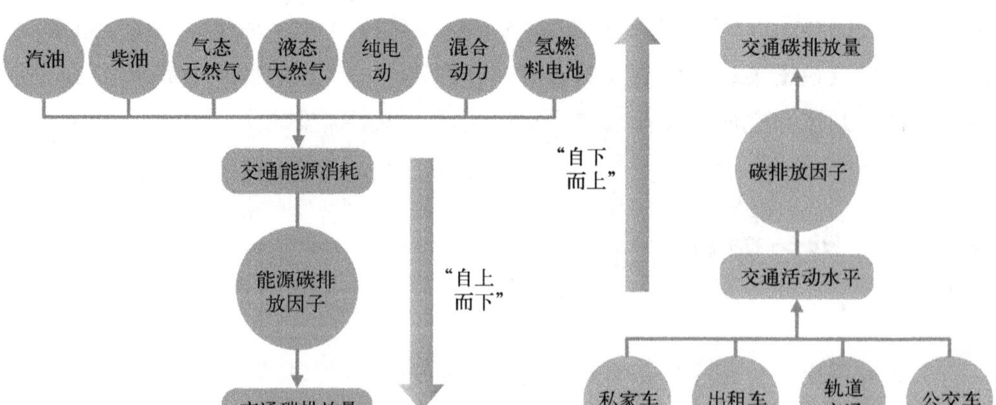

图 3.1 碳排放测算方法的原理对比

本研究根据两种测算方式数据选择方面的不同与各交通方式能源消耗数据的可获取性，采取“自上而下”与“自下而上”相结合的分类差别化测算方法，对不同交通方式、不同能源类型的车辆进行碳排放测算，以提高数据利用效率及有效性，减小测算误差。

3.3 基于“自上而下”和“自下而上”碳排放测算模型构建

城市客运交通系统主要由公共交通、准公共交通和非公共交通组成。其中，公共交通主要是以地面公交和轨道交通为主，准公共交通为出租车，非公共交通中的重点是私家车。城市客运交通碳排放可分为直接排放和间接排放，直接排放是指汽油、柴油及天然气等化石燃料在各种移动源设备中与氧气发生充分燃烧反应产生的二氧化碳排放，间接排放是指交通工具消耗的净购入电力导致的二氧化碳间接排放。

综上所述，本研究基于“自上而下”和“自下而上”相结合的方法，构建城市绿色客运交通碳排放测算模型，如图 3.2 所示。其中，轨道交通碳排放量测算

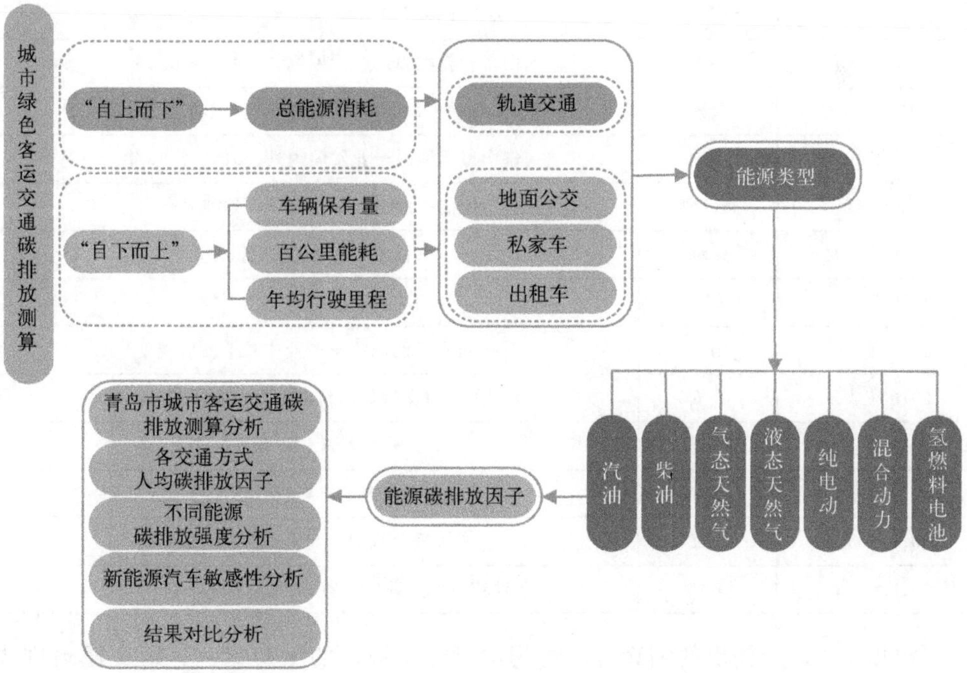

图 3.2　城市绿色客运交通碳排放测算模型

采用“自上而下”法，地面公交、私家车以及出租车采用“自下而上”法进行测算。测算模型按照各交通方式的不同能源类型，可以划分为汽油型、柴油型、气态天然气（CNG）型、液态天然气（LNG）型、纯电动（BEV）型、混合动力（HEV）型以及氢燃料电池（HFCV）型。

氢气既可以直接燃烧或经化学反应供能，也可以作为可再生能源载体储能并释放，具有来源广泛、清洁、可循环、零碳、高效及利用形式多样等特点，是能源系统清洁转型的重要二次能源。自 2017 年起，我国开始大力发展氢能，推广氢燃料电池汽车，表 3.2 列出了国内部分地方氢能和燃料电池汽车产业政策，至 2021 年 9 月，我国首批燃料电池汽车示范城市已正式落地。在“双碳”背景下，氢能产业链发展潜力巨大，氢燃料电池汽车更是成为推动绿色低碳交通体系建设的重要组成部分之一[15～17]。

表 3.2　国内部分地方氢能和燃料电池汽车产业政策

时间	地点	相关政策
2017 年 9 月	上海	《上海市燃料电池汽车发展规划》
2018 年 1 月	武汉	《武汉市氢能产业发展规划建议方案》
2018 年 3 月	苏州	《苏州市氢能产业发展指导意见(试行)》
2018 年 6 月	广东	《关于加快新能源汽车产业创新发展的意见》
2018 年 9 月	山东	《山东省新能源产业发展规划(2018～2028 年)》
2018 年 10 月	大连	《关于加快新能源汽车产业创新发展的指导意见》
2018 年 11 月	佛山	《佛山市氢能源产业发展规划(2018～2030 年)》
2018 年 12 月	张家港	《张家港市氢能产业发展三年行动计划(2018～2020 年)》
2019 年 1 月	深圳	《深圳市氢能产业规划》
2019 年 3 月	海南	《海南省清洁能源汽车发展规划》
2019 年 4 月	山西	《山西省新能源汽车产业中长期发展规划》
2019 年 4 月	六安	《关于大力支持氢燃料电池产业发展的意见》
2019 年 5 月	长三角	《长三角氢走廊建设发展规划》
2019 年 8 月	江苏	《江苏省氢燃料电池汽车产业发展行动规划》
2019 年 8 月	浙江	《加快培育氢能产业发展的指导意见》
2020 年 1 月	天津	《天津市氢能产业发展行动方案(2020～2022 年)》

根据 IPCC 所提出的测算方法得到本研究所构建的城市绿色客运交通碳排放测算模型如式(3.1) 所示：

$$Ce_p = (\sum_{i=1}^{n} N_{b,i} T_{b,i} Fe_{b,i} + \sum_{i=1}^{n} N_{c,i} T_{c,i} Fe_{c,i} + \sum_{i=1}^{n} N_{t,i} T_{t,i} Fe_{t,i} + E_r) EF_i \tag{3.1}$$

式中，Ce_p 为城市客运交通总碳排放量，万吨；$N_{b,i}$ 为能源 i 的地面公交保有量，辆；$T_{b,i}$ 为能源 i 的地面公交年均行驶里程，km；$Fe_{b,i}$ 为能源 i 的地面公交的百公里能耗；$N_{c,i}$ 为能源 i 的私家车保有量，辆；$T_{c,i}$ 为能源 i 的私家车年均行驶里程，km；$Fe_{c,i}$ 为能源 i 的私家车百公里能耗；$N_{t,i}$ 为能源 i 的出租车保有量，辆；$T_{t,i}$ 为能源 i 的出租车年均行驶里程，km；$Fe_{t,i}$ 为能源 i 的出租车的百公里能耗；E_r 为轨道交通总能源消耗量，kW・h；i 为燃料类型；EF_i 为能源 i 的碳排放因子。其中，百公里能耗中汽油、柴油单位为 L/100km，CNG 单位为 m^3/100km，LNG 单位为 L/100km，电力单位为 kW・h/100km，氢能单位为 kg/100km。

其中，能源碳排放因子是指对于不同能源，机动车单位行驶里程的二氧化碳排放量，其计算公式如式(3.2) 所示[18]。

$$EF_i = NCV_i \times CC_i \times OF_i \frac{44}{12} \tag{3.2}$$

式中，NCV_i 为 i 类燃料的净热值，kJ/kg；CC_i 为 i 类燃料的单位热值含碳量，t/TJ；OF_i 为 i 类燃料的碳氧化率，%。

在评价各交通方式碳减排潜力时，人均碳排放因子更能体现出各交通方式的效率。人均碳排放因子是指每人每千米所排放的二氧化碳量，可以通过各交通方式碳排放量、客流量以及平均出行距离计算[19] 得到，如式(3.3) 所示。

$$EF_j = \frac{E_j}{P_j \times AD_j} \tag{3.3}$$

式中，EF_i 为各交通方式的碳排放因子；E_j 为各交通方式的碳排放量，万吨；P_j 为各交通方式的客流量，万人次；AD_j 为各交通方式的平均出行距离，km；j 为交通方式类型。

碳排放强度是评价各种交通方式和能源类型的重要指标。根据碳排放量、车辆保有量和额定乘客人数，可以得到各能源的排放强度，如式(3.4) 所示。

$$EI_{i,j} = \frac{E_{i,j}}{N_{i,j} \times PC_{i,j}} \tag{3.4}$$

式中，$EI_{i,j}$ 为每种能源在不同运输方式下的排放强度；$E_{i,j}$ 为碳排放量；$N_{i,j}$ 为车辆保有量；$PC_{i,j}$ 为不同运输方式的额定载客人数；i 为能源类型；j

为交通方式类型。

敏感性分析是研究当一个或多个不确定因素变化时，各个不确定性源对目标变量（本研究主要指城市客运交通碳排放量）的影响程度，将影响程度的大小称为敏感性系数（SAF），敏感性系数越大，说明该因素对输出值的影响越大。主要包括常规敏感性分析方法、基于神经网络的敏感性分析方法以及基于数理统计的敏感性分析方法。本研究采用常规敏感性分析方法，其分析方法是假设模型表示为 $y=f(x_1, x_2, x_3)$（x 为影响因素），从定量分析的角度研究这些影响因素的变化对目标变量的影响。敏感性分析中的敏感程度用敏感性系数表示[20]，如式(3.5) 所示。

$$S=\frac{\dfrac{y(x_1,\cdots,x_i+\Delta x_i,\cdots,x_n)-y(x_1,\cdots,x_i,\cdots,x_n)}{y(x_1,\cdots,x_i,\cdots,x_n)}}{\dfrac{\Delta x_i}{x_i}} \tag{3.5}$$

式中，Δx_i 为 x 参数的微小扰动；y 为模型输出。

3.4 城市绿色客运交通碳排放测算——以青岛市为例

3.4.1 数据来源

本研究以青岛市 2020 年数据为例，使用所构建的测算模型进行城市客运交通碳排放的测算，并根据测算结果进行分析研究。根据测算模型，大致需要以下两类数据：第一类数据来源于青岛市客运基本统计数据，包括不同交通方式、不同能源类型的车辆保有量，各交通方式的年均行驶里程及百公里能耗等数据；第二类数据为各种能源的参数，如净热值和碳排放系数等。因此，为完成青岛市客运交通碳排放测算，对青岛市客运交通企业进行了调研，并收集了相关数据。本研究的数据主要来源于《2021 青岛统计年鉴》《青岛市出租汽车行业 2020 年度运力监测及调整白皮书》《青岛地铁能源管理与节能技术的实践与探索》《青岛公交集团 2020 年度社会责任报告》《真情巴士 2020 年度社会责任报告》《青岛城运控股交运温馨巴士 2020 年度社会责任报告》《道路机动车大气污染物排放清单编制技术指南》《综合能耗计算通则》（GB/T 2589—2020）及《省级温室气体清单编制指南》等官方统计数据。

3.4.2 青岛市客运交通基本情况概述及机动化水平

根据青岛市统计数据可知，截至 2020 年，青岛市常住人口为 1010.57 万人，市区常规公交共 7489 辆，公共交通线路网长度为 4044km，全年客运量为 65014 万人次，日均客运量为 180 万人次；机动车保有量为 314 万辆，其中私家车保有量为 273 万辆；包含网约车在内的出租汽车共 3.6 万余辆，全年客运量超过 2.21 亿人次；轨道交通运营线路共 6 条，运营里程 246km，全年旅客周转量为 119515 万人·km，全年客运量为 13909 万人次，日均客运量 38 万人次，运营车数 980 辆，地铁站点总数共 107 个，全年地铁开行列车 46 万列次，总运行里程达 1511 万千米，列车准点率高达 99.98%。

公交车方面，2020 年青岛市常规地面公交车共有 7489 辆，按照能源类型不同可分为：柴油型、CNG 型、LNG 型、BEV 型、HEV 型和 HFCV 型。其中，清洁能源汽车占比为 93%，清洁能源汽车中的新能源汽车占比约 50%。清洁能源汽车是指以清洁燃料取代传统汽车的环保型汽车的总称，主要包括：新能源汽车（BEV、HEV、HFCV）和清洁替代燃料汽车（CNG 汽车、LNG 汽车、甲醇汽车、乙醇汽车等）。青岛首条氢燃料公交运行线于 2020 年正式开通，用 5G+智慧公交技术，打造了一条氢燃料公交示范线，氢燃料电池公交车在未来将具有广阔的发展前景。青岛市常规公交的平均出行距离为 6.6km[21]。

对于私家车，目前青岛市私家车保有量为 2731563 辆，按照能源类型不同可以分为：汽油型、BEV 型以及 HEV 型，其中传统燃料汽车占比高达 90%，节能减碳潜力有待于提升。私家车单次平均出行距离为 16.38km[22]，私家车客运量来源于推算[23]，参照 2016 年青岛市交通调查获得的方式划分比例，计算得到私家车客运量为 84088 万人次。

出租车方面，随着科学技术的快速发展，网约车逐渐走入大众视野，出租车行业整体客运量自 2015 年来持续下降，2020 年叠加新冠疫情影响，客运量同比 2019 年下降 27.2%，因此出租车开始逐步分为巡游出租车和网约出租车。截至 2020 年，青岛市共有出租汽车 3.6 万余辆。巡游出租车共 12002 辆，根据能源类型不同，可划分为汽油型和 CNG 型，其中 CNG 型汽车占比为 74.5%，节能环保能力还有待于提高；其单次平均出行距离为 5.86km，全年总客运量为

10415 万人次。网约出租车共 24339 辆，按照能源类型可划分为汽油型、BEV 型以及 HEV 型，其中新能源汽车数量占比为车辆总量的 67%，BEV 占比为 52%，HEV 占比为 15%；其单次平均出行距离为 6.57km，全年总客运量为 10662 万人次。

对于轨道交通，截至 2020 年，青岛地铁共运营 6 条线路，2、3、8、11、13 及 1 号线北段，共 246km，全年客运量达 13909 万人次。轨道交通能耗包括机车牵引和列车能耗、车站能耗以及机车设施能耗，其中，机车牵引能耗是影响轨道交通系统总能耗的重要组成部分。根据青岛市地铁集团有限公司报告，“2020 年，青岛地铁年用电量为 30071 万千瓦·时，其中牵引力用电约占总用电量的 42%，非牵引力用电约占总用电量的 58%（非牵引力用电中通风空调约占 36%、动力照明约占 13%、电扶梯约占 9%）”。表 3.3 给出了测算模型中所使用的基本数据。

表 3.3　测算模型中所使用的基本数据

序号	交通方式	能源类型	年均行驶里程①/km	能耗②
1	地面公交车	柴油	67000	28.88L/100km
		CNG		42.18m^3/100km
		LNG		36L/100km
		BEV		106.61kW·h/100km
		HEV		96kW·h/100km,10.25L/100km
		HFCV	18857	6.67kg/100km③
2	私家车	汽油	18491	6.43L/100km
		BEV		12.45kW·h/100km
		HEV		10kW·h/100km,3.5L/100km
3	巡游出租车	汽油	135000	9L/100km
		CNG		8.95m^3/100km
4	网约出租车	汽油	100000	7.8L/100km
		BEV		15kW·h/100km
		HEV		13kW·h/100km,4L/100km

① 年均行驶里程数据参考《道路机动车大气污染物排放清单编制技术指南》，并通过查阅文献［24］对其取平均值获得。

② 地面公交车百公里能耗数据参考《青岛公交集团 2020 年度社会责任报告》；私家车和网约出租车百公里能耗数据参考《2021 节能与新能源汽车发展研究报告》；巡游出租车数据参考文献［23］。

③ 对于同一种交通方式不同能源类型的行驶里程数据统一采用了传统燃油汽车的年行驶里程数据；其中氢燃料电池公交车百公里能耗来源于推算，每辆氢燃料电池公交车氢气装载量 20kg，每加注一次氢气，满载续航里程可达 300km，即百公里氢气消耗量为 6.67kg。

能源碳排放因子对测算起着重要作用，不同能源的排放因子也不相同，能源燃烧的二氧化碳排放因子相关数据包括各种燃料的平均低位发热量、单位热值含碳量、碳氧化率、密度以及计算得出的碳排放因子，见表 3.4，其中青岛市电网碳排放因子可由文献［25］得到。

表 3.4　主要能源相关参数推荐值

能源类型	平均低位发热量①	单位热值含碳量②/(t/TJ)	碳氧化率②/%	密度	碳排放因子
汽油	43124kJ/kg	18.9	0.98	0.725kg/L	2.123kg/L
柴油	42705kJ/kg	20.2	0.98	0.835kg/L	2.588kg/L
CNG	35608kJ/m^3	15.3	0.99	0.71kg/m^3	1.978kg/m^3
LNG	51498kJ/kg	17.2	0.98	0.46kg/m^3	1.464kg/m^3
HFCV	—	—	—	—	22.66kg/kg
电能	—	—	—	—	0.884kg/(kW·h)

① 来源于《综合能耗计算通则》(GB/T 2589—2020)。

② 来源于《省级温室气体清单编制指南》。

3.5 各交通方式碳排放量测算分析

本节以青岛市客运交通系统为例，对所构建的城市绿色客运交通碳排放测算模型的计算结果进行统计分析。根据对不同能源类型的出行车辆进行测算，最终得到 2020 年青岛市客运交通碳排放量为 815.516 万吨，其测算结果如表 3.5 所示，为了便于分析各交通方式的人均碳排放因子，表中也列出了客流量以及客流量分担率的相关数据。

表 3.5 显示了 2020 年青岛市地面公交车、私家车、出租车和轨道交通的碳排放量。其中，私家车的碳排放量最大，为 687.554 万吨，出租车的碳排放量 57.078 万吨，地面公交车碳排放量为 44.301 万吨，轨道交通的碳排放量最小，为 26.583 万吨。

表 3.5　2020 年青岛市客运交通碳排放量与客流量测算结果

交通方式	碳排放量/万吨	客流量/万人次	碳排放分担率/%	客流量分担率/%
地面公交车	44.301	65014	5.43	35.30
私家车	687.554	84088	84.31	45.66
出租车	57.078	21077	7.00	11.45
轨道交通	26.583	13975	3.26	7.59
总计	815.516	184154	100.00	100.00

通过比较 2020 年各交通方式的客运量占比和碳排放占比，可以看出不同交通方式的运输效率，如图 3.3 所示。其中，私家车的客运量占比仅为 45.66%，碳排放量占比却高达 84.31%，碳排放分担率最高。相比之下，地面公交车客流量占总客流量的 35.3%，碳排放分担率仅为 5.43%。因此，地面公交车比私家车和出租车更有效率。

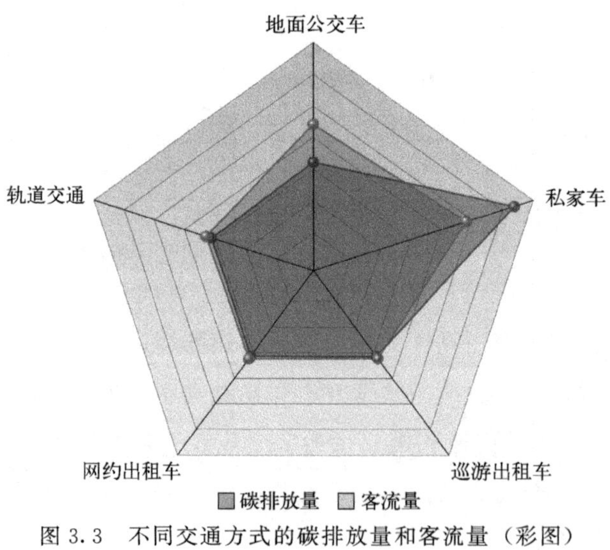

图 3.3　不同交通方式的碳排放量和客流量（彩图）

3.5.1　不同交通方式的人均碳排放因子

为了评估每种运输方式的碳排放强度，应考虑每种交通方式的人均碳排放因子，人均碳排放因子是指在运输过程中，每人每千米所产生的二氧化碳排放量。其中，人均碳排放因子与该种交通方式的平均出行距离和客流量有关。依据式(3.3)，以及测算得到的碳排放量与各交通方式的平均出行距离和客流量，得到各交通方式的人均碳排放因子，如表 3.6 和图 3.4 所示。

表 3.6　各交通方式的人均碳排放因子

交通方式	碳排放量 /万吨	单次平均出行距离 /km	客运量 /万人次	人均碳排放因子 /[kg CO_2/(人・km)]
地面公交车	44.301	6.6	65014	0.103
私家车	687.554	16.38	84088	0.499
巡游出租车	29.7	5.86	10415	0.487
网约出租车	27.379	6.57	10622	0.392
轨道交通	26.583	9.3	13975	0.205

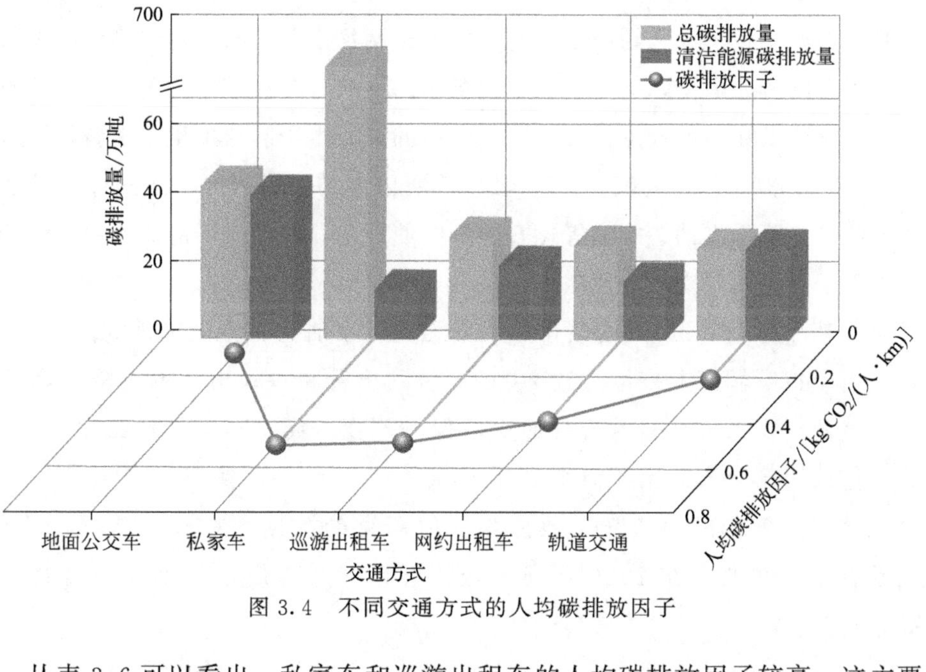

图 3.4　不同交通方式的人均碳排放因子

从表 3.6 可以看出，私家车和巡游出租车的人均碳排放因子较高，这主要与私家车和巡游出租车的空载率较大有关。本研究所计算得到的轨道交通人均碳排放因子为 0.205kg CO_2/(人・km)，较高于公交车，这主要是因为考虑了轨道交通的站内用电量。由于青岛市地铁路网90%处于地下，还有部分处于海底，地下轨道交通车站环境控制系统复杂，能源消耗更大，隧道内空气阻力大，在这种情况下，地下轨道交通的能源消耗和碳排放是地上轨道交通的2～3倍。2020年青岛市轨道交通的非牵引力用电占比高达58%，同时受新冠疫情的影响，2020年青岛市轨道交通的载客量同比下降，因此人均碳排放因子相对较大。如果只计算轨道交通的牵引力用电，那么轨道交通的人均碳排放因子为0.09kg CO_2/(人·km)，与公交车持平。由此可以看出公共交通的碳排放效率高于私家车和出租车。

从图3.4可以看出，地面公交车中清洁能源的碳排放占总排放量的94%，网约出租车中清洁能源的碳排放量约占62%，因此它们的人均碳排放因子也较低，而私家车中清洁能源碳排放量占比仅有2%，相对较高的人均碳排放因子也说明了清洁能源的应用可以一定程度地减少碳排放量。发展清洁能源汽车能够有效降低汽车的能源消耗和尾气中有害物质的排放，降低汽车在使用过程对环境的影响。所以应该在政府主导的汽车领域，大力推广清洁能源以及新能源汽车，真正发挥大容量公共交通的降低碳排放效能。

对于巡游出租车和网约出租车，可以看出网约出租车的人均碳排放因子低于巡游出租车的排放因子，这也与巡游出租车的空载率存在较大的关系，网约出租车可以在车辆所在地就近点搭载乘客到达目的地；由于网约出租车中新能源汽车占比约67%，其中纯电动汽车占比52%，所以人均碳排放因子之间存在较大差距。因此，应降低汽油、柴油等化石能源的使用量，鼓励使用清洁能源，降低电力排放因子，以实现交通节能减排。

与文献[19,26]中人均碳排放因子相比，本研究得到的碳排放因子较大。主要是由于持续性新冠疫情导致2020年居民出行减少，出行率下降，客运量下降。然而，每天公共交通行驶的次数保持不变，而出租车的数量也在增加，因此碳排放因子变大。由于青岛地形复杂，三面环海，铁路建设困难，时间跨度长，因此我们的轨道交通数据与其他研究的数据存在较大差异。此外，青岛地铁1号线北段在2020年尚未全面开通，客运量仍较小，碳排放因子较高。

3.5.2 不同能源类型对应的碳排放强度

根据各交通方式不同能源类型的碳排放量可以得到它们的排放强度（额定载

客情况下），如图 3.5 所示。从图 3.5 中可以看出，对于地面公交车，排放强度最高的是柴油型；私家车中排放强度最高的是汽油型；巡游出租车和网约出租车也均是汽油型。可以得出同种交通方式中，化石燃料的排放强度均高于清洁能源。大力发展清洁能源可以逐步改变传统能源结构，提高能源安全性，减少温室气体排放，能够起到保护生态环境的作用。因此，交通运输部门应优先落实发展新能源汽车以及新能源公共交通，这样不仅可以降低公共交通的人均碳排放因子，也可以显著降低碳排放量。

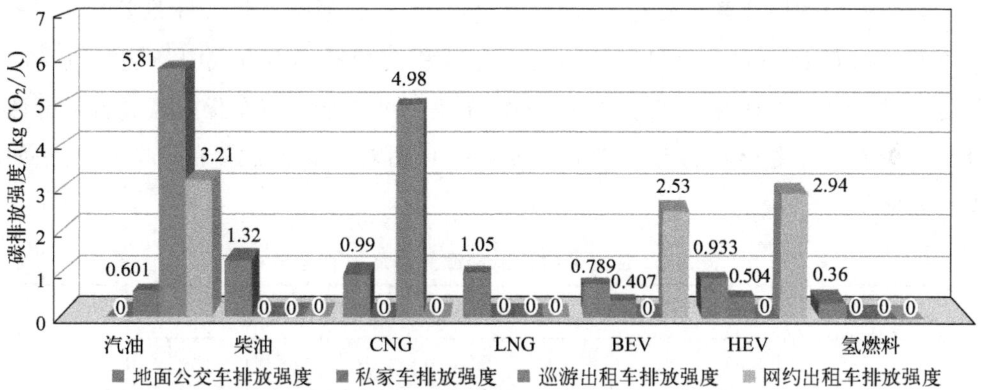

图 3.5　不同能源类型交通方式排放强度（额定载客）

对于地面公交车，氢燃料电池汽车的排放强度最小，纯电动汽车次之。氢气作为二次清洁能源，能够对绿色低碳交通发展起到重要作用。

如表 3.7 所示为全球与我国的氢气生产结构现状，可以看出目前我国氢气主要来源于化石燃料，煤炭制氢产量占 60%以上，煤炭制氢也将是未来我国氢气发展前中期的主要氢源，但同时具有明显成本优势的煤炭制氢方式会在制氢过程中产生大量 CO_2。已有研究表明，通过煤制氢 CCUS 技术改造后，碳足迹可降至 2.17～8.91kg CO_2/kg H_2[27]，氢燃料电池汽车产生的碳排放量也将得到进一步减少。

表 3.7　全球与我国的氢气生产结构现状

制氢原料	制氢方式	全球/%	国内/%
化石能源制氢	煤炭制氢	18	62
	天然气重整制氢	48	18
	石油制氢	30	18%
工业副产提纯制氢	焦炉煤气、氯碱尾气等	—	

续表

制氢原料	制氢方式	全球/%	国内/%
电解水制氢	—	4	1
其他方式制氢	生物质、光催化	—	微量

3.5.3 新能源汽车敏感性分析

本研究中的城市客运交通系统运输方式除轨道交通外，其余每类交通方式的能源类型均有2～3类，因此采用敏感性分析法判断各交通方式中新能源汽车的节能减排效果。选择各交通方式中不同能源类型的新能源汽车保有量进行敏感性分析，研究其保有量分别上升或下降5%和10%对总碳排放量的影响，数据如表3.8所示。

表3.8 各交通方式新能源汽车敏感性系数

交通方式	能源类型	变化率/%					SAF
		−10	−5	0	5	10	
地面公交车	BEV	813.257	814.387	815.516	816.645	817.775	0.02769564
	HEV	815.415	815.466	815.516	815.566	815.617	0.00123545
	HFCV	815.504	815.511	815.516	815.526	815.533	0.00017474
私家车	BEV	814.463	814.989	815.516	816.043	816.569	0.01291622
	HEV	815.151	815.333	815.516	815.699	815.881	0.00447902
网约出租车	BEV	814.238	814.877	815.516	816.155	816.794	0.01567334
	HEV	815.086	815.301	815.516	815.731	815.946	0.00526802

表3.8展示了三种交通方式中不同能源类型的新能源汽车保有量的敏感性，其中敏感性系数（SAF）最大的为纯电动型地面公交车，为0.02769564，其次是纯电动型网约出租车以及纯电动型私家车。由此可见，纯电动汽车的碳减排潜力较大。这主要是因为纯电动汽车产生的碳排放主要来自电力生产环节，而我国电力行业化石能源依赖度高，发电厂端碳排放是现阶段纯电动汽车有效发展的主要阻力。因此，应采取清洁能源发电以降低化石能源的使用比例，改变电力排放因子。也可看出地面公交车的碳减排潜力大于其他交通方式，这主要因为地面公交车的客运量分担率高且碳排放分担率低。在客流量增加的同时，不会产生过多

的碳排放，是相对绿色低碳的交通方式。

图 3.6 为我国新能源汽车产业发展现状，从图 3.6 中可以看出，2011 年是我国新能源汽车的导入期，当时以发展纯电动汽车为主；目前我国新能源汽车产业已进入成长期，2022 年新能源汽车保有量已经达到 498 万辆。未来我国将继续大力推进纯电动汽车及氢燃料电池汽车等产业的发展，因此，有必要对新能源汽车进行碳排放测算研究，分析新能源汽车的碳减排潜力，明确新能源汽车的碳排放特征。

图 3.6　我国新能源汽车产业发展现状

3.6　碳排放量测算结果对比分析

为了验证本研究所建立的城市绿色客运交通碳排放测算模型的可靠性，应该将本研究计算结果与官方统计测算出的结果进行对比。然而，由于没有正确的结果与之比较，因此很难进行核实。所以，本研究选择将测算结果与其他文献的结果进行对比，以验证模型的可靠性。

从碳排放总量来看，2019 年上海市客运交通碳排放量约为 1290 万吨[28]，本研究所得青岛市碳排放量为 815 万吨。由于上海是我国一线中心城市，经济发展相对更快，运输技术更加先进，公共交通发展也较为发达。因此，可以得出该结果与其他研究具有可比性。

对于人均碳排放因子，收集、统计了其他研究中每种运输方式的排放因子，并与本研究所计算的排放因子进行比较。由于客运量和运输技术的不同，这一因素在不同的研究中存在很大差异。本研究得到的地面公交车人均碳排放因子与同为准一线城市西安的研究得到的排放因子非常接近。青岛市轨道交通排放因子较高于上海、北京等一线城市[19]，这主要是由于青岛市地铁开通较晚，目前只有6条线路，发展相对滞后，客流量也远小于一线发达城市，因此人均碳排放因子相对更高；对于私家车及出租车，人均碳排放因子存在出入是受新冠疫情影响，导致城市客运交通客流量严重下降，人均排放因子变大。

总体而言，受新冠疫情的影响，导致城市公共交通客流量严重下降，扰乱了城市公共交通的功能稳定性，部分居民选择减少出行次数或乘私家车出行[29]，这就导致了公共交通的客流量下降，而私家车的客流量升高，因为私家车的人均碳排放因子更高，所以碳排放也会随之增加。相关部门应据此向公众提供按需服务和共享服务，以提高公共交通的灵活性，从而打造更智能和可持续的运输系统。

3.7 小结

本研究基于“自上而下”和“自下而上”相结合的方法构建了城市客运交通碳排放测算方法，并进行了碳排放量、各交通方式人均排放因子、能源排放强度以及新能源汽车敏感性分析，以此明确城市客运交通碳排放主体。以青岛市为例进行了计算，验证了方法的有效性。

根据“自上而下”和“自下而上”原理，通过能源排放因子和车辆行驶特性，建立碳排放测算公式，分析不同交通方式的二氧化碳排放规律以及能源排放强度，了解城市碳排放发展现状，评估城市交通领域减排发展水平。以青岛市为例进行研究，分析表明，2020年青岛市客运交通碳排放量中私家车的碳排放量最大，轨道交通的碳排放量最少。私家车的人均碳排放因子最高；地面公交车的人均碳排放因子最小；若不考虑非牵引力能耗，轨道交通和公交车的人均碳排放因子持平。氢燃料电池汽车的排放强度优于其他燃料类型车辆，是更加绿色低碳的车辆类型，是未来移动出行的关键之一。氢能作为可再生能源的载体，具有良好的发展前景，是全球能源领域未来重要的战略发展方向。对于车辆类型来说，纯电动型地面公交车的敏感性系数最大，即对碳排放量的影响最大，因而通过发展纯电动型汽车来实现的碳减排效果更为显著；通过与其他文献研究结果对比，所建立的测算模型其测算结果较为合理，具有可比性，能有效测算城市客运交通的碳排放量。所构建的测算模型充分考虑了青岛市的能源结构和新能源汽车发展趋势，完善了城市客运交通碳排放的测算方法理论体系，可为其他城市进行客运交通碳排放测算提供理论基础与实际借鉴。

参考文献

[1] IPCC. 2006 年 IPCC 国家温室气体清单指南［EB/OL］.［2022-08-29］. https：//www. ipcc. ch/.

[2] Cai M，Shi Y，Ren C. Developing a high-resolution emission inventory tool for low-carbon city management using hybrid method-A pilot test in high-density Hong Kong［J］. Energy and Buildings，2020，226：110376.

[3] Fameli K M，Kotrikla A M，Psanis C，et al. Estimation of the emissions by transport in two port cities of the northeastern Mediterranean，Greece［J］. Environmental Pollution（Barking，Essex：1987），2020，257：113598.

[4] Ježek I，Blond N，Skupinski G，et al. The traffic emission-dispersion model for a Central-European city agrees with measured black carbon apportioned to traffic［J］. Atmospheric Environment，2018，184：177-190.

[5] Réquia W J，Koutrakis P，Roig H L，et al. Spatiotemporal analysis of traffic emissions in over 5000 municipal districts in Brazil［J］. Journal of the Air & Waste Management Association，2016，66（12）：1284-1293.

[6] Knobloch F，Hanssen S V，Lam A，et al. Net emission reductions from electric cars and heat pumps in 59 world regions over time［J］. Nature Sustainability，2020，3（6）：437-447.

[7] Alam Md S，Duffy P，Hyde B，et al. Improvement in the estimation and back-extrapolation of CO_2 emissions from the Irish road transport sector using a bottom-up data modelling approach［J］. Transportation Research Part D：Transport and Environment，2017，56：18-32.

[8] Isik M，Dodder R，Kaplan P O. Transportation emissions scenarios for New York City under different carbon intensities of electricity and electric vehicle adoption rates［J］. Nature Energy，2021，6（1）：92-104.

[9] Jiang Y，Wu P. Scenario Assessment of CO_2 and Air Pollutants Emission Reduction Policies for Private Passenger Vehicles in China［C］. 4th International Conference on Advances in Energy and Envi-

ronment Research，2019，118：04035.

[10] Zhang L，Long R，Chen H，et al. A review of China's road traffic carbon emissions [J]. Journal of Cleaner Production，2019，207：569-581.

[11] 景侨楠，侯慧敏，白宏涛，等．自上而下的城市能源消耗碳排放估算方法 [J]. 中国环境科学，2019，39（01）：420-427.

[12] 陈伟迪．面向城市客运系统节能降碳的出行结构优化 [D]. 北京：北京交通大学，2020.

[13] 武翠芳，熊金辉，吴万才，等．基于 STIRPAT 模型的甘肃省交通碳排放测算及影响因素分析 [J]. 冰川冻土，2015，37（03）：826-834.

[14] 廖虹云，赵盟，李艳霞．北京市高分辨率 CO_2 排放清单研究 [J]. 气候变化研究进展，2022，18（2）：188.

[15] Córdova C，Zorio-Grima A，Merello P. Carbon Emissions by South American Companies：Driving Factors for Reporting Decisions and Emissions Reduction [J]. Sustainability，2018，10（7）：2411.

[16] Engo J. Decoupling analysis of CO_2 emissions from transport sector in Cameroon [J]. Sustainable Cities and Society，2019，51：101732.

[17] Hasan M A，Frame D J，Chapman R，et al. Emissions from the road transport sector of New Zealand：key drivers and challenges [J]. Environmental Science and Pollution Research，2019，26（23）：23937-23957.

[18] Wang S，Liu X，Zhou C，et al. Examining the impacts of socioeconomic factors，urban form，and transportation networks on CO_2 emissions in China's megacities [J]. Applied Energy，2017，185：189-200.

[19] 杨振山，杨航．基于系统动力学的城市可持续性评估模拟——以京津冀为例 [J]. 地理科学，2021，41（9）：1515-1524.

[20] Cui G，Yu Y，Zhou L，et al. Driving forces for carbon emissions changes in Beijing and the role of green power [J]. Science of The Total Environment，2020，728：138688.

[21] 王振，张志敏，禚保玲，等．基于多源大数据的城市出行特征研究——以青岛市为例 [C]. 2019 年中国城市交通规划年会，2019：3263-3270.

[22] 王振，张志敏，禚保玲，等．基于车辆牌照识别数据的城市居民出行特征研究——以青岛市为例 [J]. 青岛理工大学学报，2020，41（02）：130-137.

[23] 徐慧智，裴玉龙，王连震，等．城市客运交通引入电动汽车二氧化碳减排量研究 [J]. 交通信息与安全，2018，36（01）：111-118.

[24] 阿迪拉·阿力木江，蒋平，董虹佳，等．推广新能源汽车碳减排和大气污染控制的协同效益研究——以上海市为例 [J]. 环境科学学报，2020，40（05）：1873-1883.

[25] 吕晨，张哲，陈徐梅，等．中国分省道路交通二氧化碳排放因子 [J]. 中国环境科学，2021，41（07）：3122-3130.

[26] 王振，张志敏，禚保玲，等．基于多源大数据的城市出行特征研究——以青岛市为例 [J]. 品质交通与协同共治——2019 年中国城市交通规划年会论文集，中国四川成都：中国城市规划学会城市

交通规划学术委员会，2019：3263-3270.

[27] 张贤，许毛，徐冬，等．中国煤制氢CCUS技术改造的碳足迹评估［J］．中国人口·资源与环境，2021，31（12）：1-11.

[28] 邵丹，李涵．城市客运交通电动化碳减排效益和碳达峰目标——以上海市为例［J］．城市交通，2021，19（05）：53-58，42.

[29] 李沛妍．基于系统动力学的城市低碳交通发展模式与结构优化［D］．西安：西安建筑科技大学，2018.

第4章

基于STIRPAT-SD城市绿色客运交通碳排放预测模型

4.1 引言

近年来随着我国城市化进程的不断加快和机动化水平的不断提高，城市客运交通碳排放总量呈逐年升高的趋势，已经成为治理交通运输行业碳排放关注的重点领域之一。作为全球第二大碳排放部门，交通运输行业碳减排压力日益增加。因此，要实现城市节能减排的目标，需要建立适合城市发展的客运交通碳排放预测模型并制定合理的减排策略，以推动城市客运交通实现绿色发展，构建低碳、高效、合理的城市客运交通体系。

国内外学者主要采用 LEAP 模型[1~4]、灰色预测模型[5~8]、STIRPAT 模型[9~12] 以及系统动力学模型[13~15] 等对碳排放进行预测。Cai 等[16] 基于 LEAP 模型，以蚌埠市为例，探讨了四种情景下实现碳排放峰值和碳中和的途径，分别模拟了不同情景下的能源需求、发电结构、碳排放和总成本。结果表明，工业部门是最大的能源消费部门，可再生能源的大规模部署和利用 CCUS 的火力发电对于电力行业实现碳减排目标至关重要。Zhang 等[17] 以 2003～2015 年山东省交通能耗数据为基础，采用“自上而下”的方法计算了山东省交通碳排放量，并采用灰色预测模型研究了人均 GDP、总人口、单位 GDP 能耗、私家车保有量、人均 GDP 能耗、旅游收入、货运周转量和客运周转量等对山东省交通碳排放的影响。最终发现，其影响程度从大到小依次为：客运周转量＞货运周转量＞人均 GDP＞总人口＞单位 GDP 能耗＞旅游收入＞私家车保有量。Chekouri 等[18] 以 1971～2016 年阿尔及利亚的数据为例，建立了 STIRPAT 模型确定影响碳排放的决定因素。结果表明：人口对碳排放具有积极和显著的影响，能源消耗是碳排放的第二大影响因素，其次是城市化和富裕程度（人均 GDP）。Fontoura 等[19] 从环境、经济及交通角度出发，建立系统动力学模型分析巴西政策对城市交通系统的影响。

胡茂峰等[20] 利用湖北省 2005～2019 年人口规模、城镇化率、交通运输强度和能源强度等数据，构建了扩展 STIRPAT 模型，对湖北省 2020～2035 年交通运输碳排放峰值进行了预测。结果表明，2005～2019 年湖北省交通运输碳排放量总体呈现出波动上升的趋势，并预测其碳排放量于 2030 年达到峰值 6330.2 万吨。黄莹等[21] 以广州市为例，基于 LEAP 模型，对广州市交通系统在不同发展模式下的能耗与碳排放变化进行了模拟仿真，探讨了低碳发展的方向与途径。杨振山等[22] 构建了基于系统动力学的城市可持续性动态评估模型，以京津冀地区 13 个城市为例，评价与模拟了 2005～2035 年各城市可持续发展水平的时空变化趋势。研究结果表明：不同城市在子系统中的可持续性表现各异，各城市子系统间的可持续性也存在复杂、多样的交互关系。构建绿色出行概念是城市交通的发展目标，本研究构建扩展 STIRPAT 模型，分析影响城市客运交通碳排放的关键因素。在充分考虑系统变量和子系统之间存在的复杂关系上，以扩展 STIRPAT 模型的分析结果为指导，以上文所建立的测算模型为基础，建立混合 STIRPAT-SD 城市绿色客运交通碳排放预测模型，探究有利于城市客运系统节能减排的发展模式。

4.2 扩展 STIRPAT 模型构建

环境的变化往往会受到多重因素的影响作用，其中最关键的是经济、人口以及技术创新所带来的发展因素。20 世纪 70 年代早期，Ehrlich 等[23] 首次提出 IPAT 模型，如式(4.1) 所示。该模型主要是从人口规模、富裕程度和技术水平 3 个角度，来探究人类活动对环境产生的影响。

$$I=PAT \tag{4.1}$$

式中，I 是环境因素（即城市客运交通碳排放）；P 是总人口规模；A 是富裕程度；T 是技术发展。

在 IPAT 模型中，假设环境只受到三个驱动力，即 P、A 和 T 的影响。并且从式(4.1) 中可以看出，环境的变化程度与各种驱动因素成比例。每个因素对环境所造成的影响程度相同，即当每个因素变化一个百分点时，它所造成的碳排放的变化也是一个百分点。虽然这个方程在使用过程中方便，但是它的局限性也十分明显，即该模型只能假定其他因素不变，通过改变其中一个因素来分析问题，这使得该模型中各因素对环境的影响只能被简单地处理为同比例线性关系。所以，这个方程虽然给人类的研究带来了极大的便利，但是它的假设前提却是不太合理的。因此，IPAT 模型也被认为存在关于比例的某些限制。

由于 IPAT 模型在实际应用中的局限性，21 世纪初，York 等[24] 对 IPAT 模型进行了改进，提出 STIRPAT 模型如式(4.2) 所示，其对数形式见式(4.3)。该方程是一个多变量非线性方程，环境变化与各种驱动因素成正比，因此，该模型可用于分析各类独立变量对环境因素的非比例影响情况。

$$I=aP^{b}A^{c}T^{d}e \tag{4.2}$$

$$\ln I=\ln a+b\ln P+c\ln A+d\ln T+\ln e \tag{4.3}$$

式中，I 表示环境因素；P、A、T 分别表示人口、经济和技术因素对环境的影响；a～d 表示未知数；e 表示误差项。

STIRPAT 模型作为定量分析各影响因素对环境负荷的一种有效方法，已被广泛应用于大气污染物和温室气体排放研究中。STIRPAT 模型比 IPAT 模型更具有灵活性，它允许引入更多相关的因素来分析对环境因素的影响，使更多的相关性变量可引入到模型中去。因此，本研究在此基础上建立扩展 STIRPAT 模型，探究不同因素对城市客运交通碳排放的影响。

本研究将根据城市客运交通的发展特点，将 STIRPAT 模型进行扩展，从人口、经济、技术、交通等维度深入分析影响城市客运交通碳排放的重要因素：人口维度选择人口总量；经济维度选择人均 GDP；技术维度选择能源强度；交通维度选择城市客运交通汽车保有量和公共交通占比。其中，能源强度带动技术进步主要表现为改善新能源车辆技术及使用清洁能源替代传统能源以降低单位能耗量；推动公共交通建设主要表现为提高公共交通车辆占比。扩展 STIRPAT 模型要素如图 4.1 所示，所扩展的 STIRPAT 模型如式(4.4) 所示，具体变量的解释列于表 4.1。

$$\ln I=\ln a+b\ln P+c\ln A+d\ln T+e\ln U_{1}+f\ln U_{2}+\ln e \tag{4.4}$$

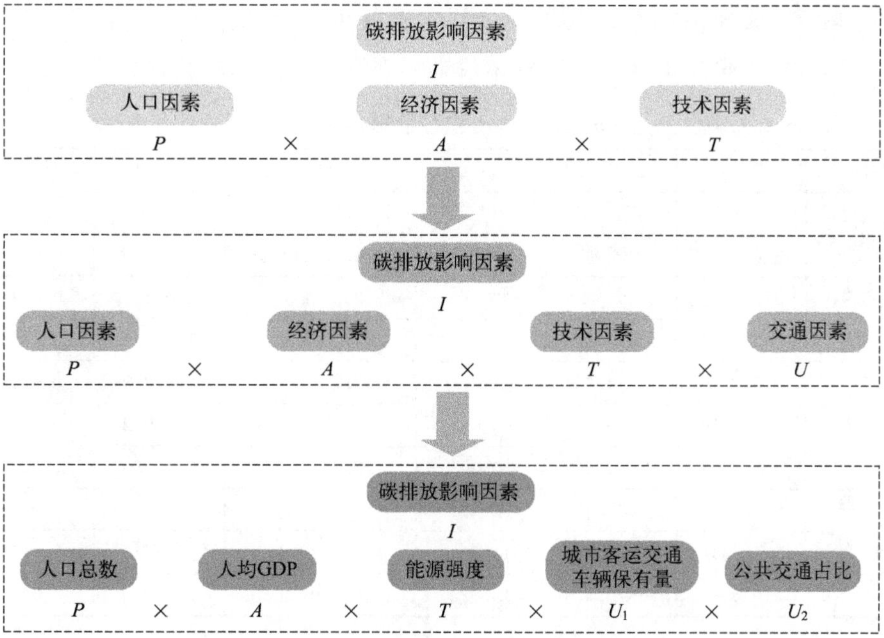

图 4.1 扩展 STIRPAT 模型要素

表 4.1 STIRPAT 模型变量解释

变量	定义	单位
交通碳排放量(I)	城市客运交通碳排放量	万吨
人口总数(P)	常住人口总量	万人
人均 GDP(A)	GDP 总量除以总人口数	元
能源强度(T)	能源消费量除以 GDP	万吨/万元
城市客运交通车辆保有量(U_1)	包含私家车、出租车和公共汽车在内的汽车总量	辆
公共交通占比(U_2)	公共汽车数量与城市客运交通车辆保有量比值	%

4.3 数据来源与检验

4.3.1 数据来源

本研究选取的是青岛市 2011～2020 年的时间序列数据，其中，GDP、人口及城市客运交通车辆保有量数据来自《青岛市统计年鉴》(2011～2020 年)；能源碳排放系数数据来源于《中国能源统计年鉴》(2011～2020 年)；公共交通占比数据来源于实地调查走访及相关公共交通公司年度社会责任报告等。经过整理，本研究用于青岛市客运交通碳排放影响因素分析的基础数据见表 4.2。

表 4.2　2011～2020 年青岛市客运交通碳排放影响因素分析基础数据

时间	I/万吨	P/万人	A/元	T/(万吨/万元)	U_1/辆	U_2/%
2011 年	278.1955	879.51	70945	3.542961	910226	0.005953
2012 年	320.4779	886.85	76636	3.182168	1073005	0.005256
2013 年	372.7846	896.41	82463	3.355178	1265589	0.004882
2014 年	425.3285	904.62	87677	3.534101	1464395	0.004449
2015 年	494.051	944.6	92157	3.757735	1684319	0.004006
2016 年	567.1614	961	97430	3.944488	1922042	0.003757
2017 年	642.7941	971.6	104905	3.998182	2140956	0.003481
2018 年	719.8707	981.4	112129	4.01058	2340297	0.003554
2019 年	791.1416	992.3	118979	4.062304	2554645	0.003619
2020 年	815.5167	1010.57	123828	4.120761	2751973	0.003464

4.3.2　多重共线性检验

本研究利用 SPSS 软件，对扩展的 STIRPAT 模型的序列数据进行普通最小二乘检验多元线性回归，其回归结果见表 4.3。从表 4.3 中可以看出，调整后的 R^2（多重相关系数）为 1.000；F 检验的统计量为组间和组内的离差平方和与自由度的比值，所得 F 检验的统计量为 3062.851，F 检验高度显著；p 值为假设显著性的系数，所得 F 检验的 p 值为 0.000，回归方程通过显著性检验，拟合较好。然而，对各自变量的回归系数进行显著性检验，结果显示，除了 $\ln A$ 外，其余自变量 t 检验的 p 值均大于 0.1，未通过显著性检验。另外，由表 4.3 可以看出，所有自变量系数的方差膨胀因子（VIF）都大于 10，并且最高达到 1072，这表明回归方程的解释变量之间具有严重的多重共线性。由此可知，普通最小二乘法进行参数的无偏估计不适用于本研究所研究的数据序列。为了得到更加可靠的拟合结果，需消除变量间多重共线性的影响。

表 4.3　普通最小二乘法回归结果

模型	未标准化系数		标准化系数	t	显著性	共线性统计	
	B	标准误差	β			容差	VIF
常量	−15.988	2.399	—	−6.665	0.003	—	—
$\ln P$	0.690	0.450	0.090	1.533	0.200	0.019	53.300

续表

模型	未标准化系数		标准化系数	t	显著性	共线性统计	
	B	标准误差	β			容差	VIF
$\ln A$	1.058	0.379	0.513	2.793	0.049	0.002	517.385
$\ln T$	0.161	0.114	0.037	1.415	0.230	0.094	10.636
$\ln U_1$	0.306	0.272	0.298	1.128	0.323	0.001	1072.022
$\ln U_2$	−0.140	0.177	−0.070	−0.790	0.474	0.008	119.207

注：调整后的 $R^2=1.000$，F 检验的统计量为 3062.851，$p=0.000$。

4.3.3 实证结果与分析

在不剔除解释变量的前提下，常用的解决多元回归中多重共线性问题的方法主要有主成分回归法、偏最小二乘法以及岭回归法，各方法的主要优缺点如下。

① 主成分回归法适用于解决一般的多重共线性问题，缺点在于它过于强调尽可能多地概括自变量的信息，而较少考虑因变量的解释性。

② 偏最小二乘法充分利用了最小二乘法，并结合了主成分回归法的主成分思想，但又与主成分回归不同。不仅在最大限度上概括了自变量的信息，还考虑了如何才能使提取的各成分对因变量有最好的解释，使得计算结果更加可靠，因此比主成分回归法更具优势，特别是在自变量较多的情况下。然而，偏最小二乘法缺点在于，它对 t 的实际意义解释方面与主成分一样比较欠缺。

③ 岭回归法是一种专门用于共线性数据分析的有偏估计方法，它是一种改良的最小二乘法，允许回归系数的有偏估计量存在，通过放弃部分精确度为代价来寻求效果稍差但更符合实际的回归过程，因此，它接近真实值的可能性较大。灵活运用岭回归法，选取合适的岭回归系数，可以更加有效地分析变量之间的关系，理清自变量与因变量之间的关系。

综上所述，根据以上三种方法的优缺点，本研究选择使用岭回归法来解决所构建模型存在的多重共线性问题。

4.3.4 岭回归参数估计

本节运用 SPSS 分析软件进行岭回归估计。设岭回归系数 $k\in(0,1)$，步长为 0.01，求出可决系数 R^2 与 k 的关系曲线图和岭轨迹图，图 4.2 为可决系数 R^2 与 k 的关系曲线，图 4.3 为岭轨迹。从图 4.2 可以看出，当 k 处于 0～1 时，R^2

总是大于0.96，这表明，在 k 取值为0～1时，各个变量对因变量的解释力都大于0.96，因此具有较好的解释力。从图4.3可以看出，当 $k>0.3$ 时岭轨迹变化趋于平稳，各个自变量的回归系数和 R^2 都趋于平缓。所以，取 $k=0.3$ 时岭回归的拟合结果，以此来确定岭回归方程。

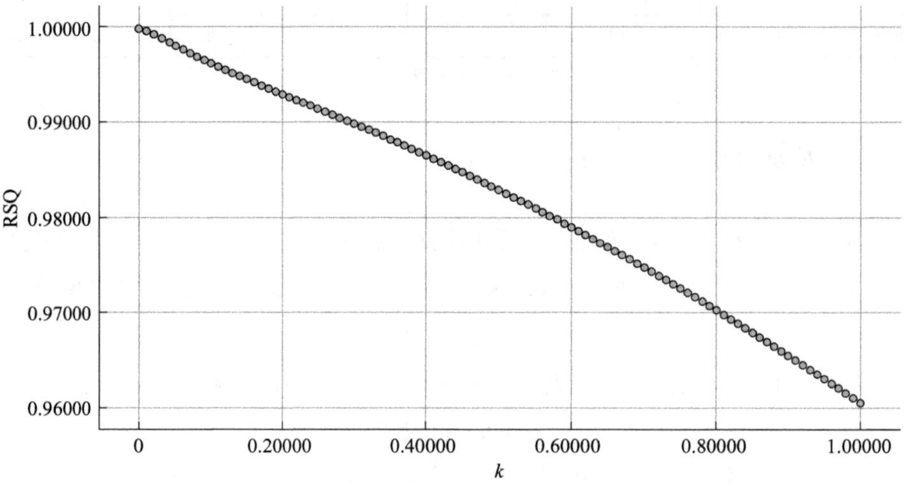

图4.2　可决系数 R^2 与 k 的关系曲线

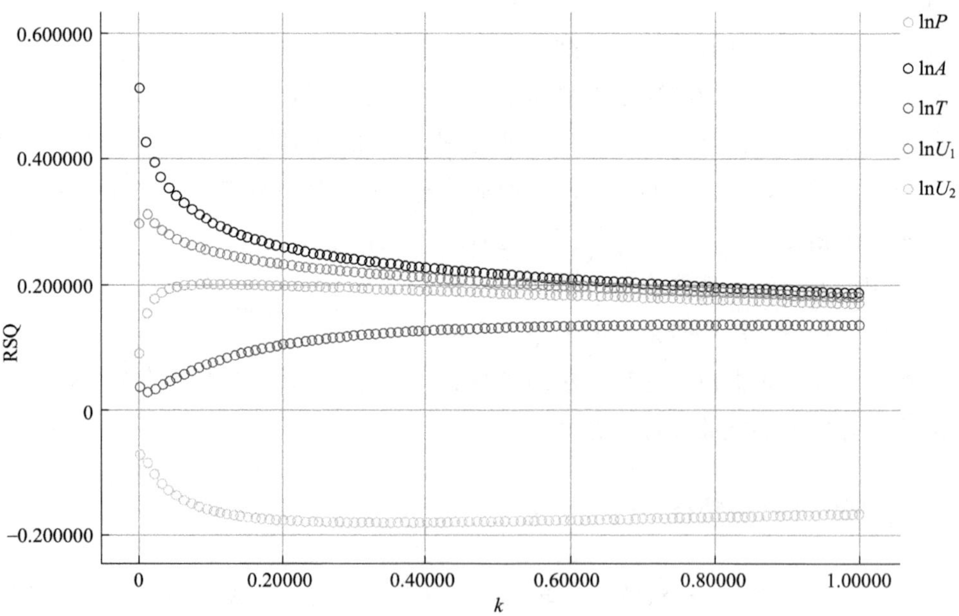

图4.3　各解释变量的岭轨迹（彩图）

对 $k=0.3$ 时的岭回归方程进行检验，检验结果见表 4.4。由表 4.4 可知，各自变量岭回归 t 检验的 p 值均小于 0.05，这说明各自变量的回归系数都通过了 5%的显著性水平检验。其中 R^2 为 0.99，各自变量对因变量的解释力达到了 99%以上，具有较强的解释力。此外，对岭回归方程进行方差检验，结果见表 4.5，F 统计量为 77.6509，对应的 p 值为 0.00045，说明回归方程在 1%的显著水平上通过了检验。因此，本研究所建立的扩展 STIRPAT 模型能够较好地解释城市客运交通碳排放与其影响因素之间的关系，应用岭回归方法得到的回归方程结果较为合理，则确定的扩展 STIRPAT 模型见下式。

$$\ln I=-15.53+1.489\ln P+0.495\ln A+0.559\ln T+0.227\ln U_1-0.358\ln U_2 \tag{4.5}$$

表 4.4　岭回归检验结果

变量	系数	标准误差	标准系数 β	T 统计量	显著性
$\ln P$	1.48863013	0.16119458	0.19497877	9.23498864	0.00076418
$\ln A$	0.49535389	0.05198672	0.24037559	9.52847052	0.00067737
$\ln T$	0.55944934	0.16954119	0.11957156	3.04318339	0.03828271
$\ln U_1$	0.22679681	0.01732183	0.22092225	13.09312016	0.00019646
$\ln U_2$	−0.35785914	0.06511371	−0.17824628	−5.49591114	0.00534245
常数	−15.53046104	1.38861679	0	−11.18412301	0.00036387

注：$R^2=0.99$，F 统计量为 77.65，显著性（F 统计量）为 0.00045032。

表 4.5　岭回归的方差检验

模型	自由度	平方和	均方	F	p 值
回归	5	1.335	0.267	77.6509	0.00045
残差	4	0.014	0.003	—	—
总计	9	1.349	—	—	—

4.4　扩展 STIRPAT 模型结果分析

标准化岭回归方程系数的绝对值大小可以衡量相应的解释因素对城市客运交通碳排放量变化影响程度的相对大小。而岭回归方程系数的大小则反映了各影响因素对城市客运交通碳排放量的弹性，即人口总数、人均 GDP、能源强度、城市化客运交通车辆保有量及公共交通占比这 5 个因素的任意一个变化而引起的城市客运交通碳排放量变化的比例（%），这种效应可以是正效应，也可以是负效应。

从式(4.5）的回归结果可以看出，按照对城市绿色客运交通碳排放量的积极影响因素进行排序，其结果依次为：人口总数、能源强度、人均 GDP、公共交通占比、城市客运交通车辆保有量。其中，公共交通占比对城市客运交通碳排放的影响是负向的，即城市客运交通碳排放量随着公共交通占比的增大而减小；反之，城市客运交通碳排放则随着公共交通占比的减小而增大。

(1) 人口总数

人口总数的增长极大地促进了碳排放的增加，人口规模的扩张也将会直接导致对能源需求的增加、城市客运交通压力的增大以及人口流动性的加快，进而进一步加剧城市客运交通的排放量。关于人口规模对交通碳排放的影响，相关研究[25~27] 表明人类活动是气候变化的主要驱动力，人口的增长将导致交通需求的增加，由此引起碳排放量的增加。青岛市人口从 2010 年的 764 万人增长到 2020 年的 1010 万人，增长了 24%，城市客运交通碳排放量也随之升高。

(2) 能源强度

能源效率通常用能源强度来衡量，即单位 GDP 能耗。从表 4.4 可以验证，能源强度每增加 1%，城市客运交通碳排放增加 11.96%，可见能源强度是影响城市客运交通碳排放的关键因素。这表明技术发展创新对城市客运交通碳排放会产生积极作用，能源强度的降低是节约能源、降低碳排放的重要手段，随着科学技术的发展进步，发展技术创新将具有巨大的潜力。

(3) 人均 GDP

人均 GDP 是用于衡量一个区域富裕程度的指标，是影响城市客运交通碳排放的重要因素，经济水平的提升会促进城市客运交通碳排放的增加，人均 GDP 每增加 1%，城市客运交通碳排放增加 24%，其弹性系数为 0.495。2011～2020 年，青岛市人均 GDP 从 70945 元增加到 123828 元，居民收入的增加会提高其消费水平，改变其出行方式的选择，居民所消费的产品在运输环节上会产生大量的碳排放。未来随着城市的发展，经济依然会保持稳定增长，很大程度上将会继续导致城市交通碳排放的增加。

(4) 公共交通占比

公共交通占比对碳排放量的增长有负向影响，这反映了城市公共交通和私家车出行结构占比对城市客运交通碳排放影响的重要程度。公共交通占比每增加 1%，城市客运交通碳排放减少 17.8%，其弹性系数为−0.358。在“双碳”背景下，城市公共交通作为绿色低碳出行的主要方式，是我国实现可持续发展的重要选择。持续优先发展城市公共交通，增强公共交通吸引力和可持续发展能力，推动城市交通的绿色、高效发展以及数字化转型。

(5) 城市客运交通车辆保有量

根据表 4.4 结果可知，城市客运交通车辆保有量与碳排放总量成正相关，城市客运交通车辆保有量每增长 1%，城市客运交通碳排放增加 1.7%，在所分析因素中影响较小。在城市客运交通车辆保有量中，私家车保有量占比超过 50%，在人们对于生活质量追求逐渐增加的时候，私家车极大地方便了居民的出行，而私家车保有量增加将会导致乘公交、地铁等公共绿色交通出行的人数比重下降，公共交通客运量减少，随着私家车保有量比例的逐渐升高，其对能源的消耗量也开始增加，从而进一步促进城市客运交通碳排放的增加。

通过对 2011～2020 年青岛市客运交通碳排放量的分析发现，人口总量对于城市客运交通碳排放的影响最大，其次为能源强度、人均 GDP；此外，公共交通占比以及城市客运交通车辆保有量这两个代表交通维度的因素也不容忽视。这些变量对二氧化碳排放变化的贡献程度为设计合理的情景提供了所需的支持信息。

4.5 STRPAT-SD 模型建模目标与建模前提

4.5.1 系统动力学简介

系统动力学（System Dynamics，SD）是一种基于反馈控制理论，利用数字仿真手段探究复杂的社会经济系统的定量方法，这种方法能够对系统进行中长期的分析及预测。系统动力学方法广泛应用于国内外的管理科学研究，是管理科学领域的重要研究方法之一。

系统动力学方法最早由美国科学家 Forrester 提出，主要应用于研究社会学科和自然学科问题以及系统分析。系统动力学能够解释由系统内部各要素间的反馈作用机制所决定的系统行为模式，针对如城镇化发展系统、空气污染系统等复杂系统的动态发展进行仿真分析，并基于此对系统的结构和功能进行进一步的改进完善，其建模流程如图 4.4 所示。

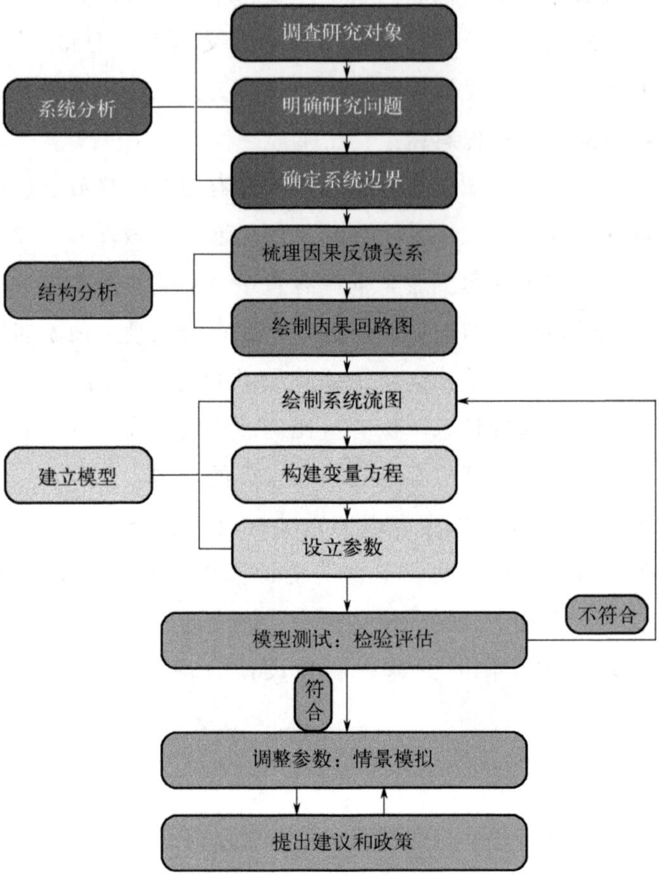

图 4.4　系统动力学建模流程

4.5.2　建模目标

本节的研究对象为城市客运交通，为了能更好地研究城市客运交通碳排放的内在机理并寻找降低城市交通碳排放的有效方法，寻求实现城市绿色交通的发展模式，建立城市绿色客运交通碳排放预测系统，主要需解决以下问题。

① 深入研究我国城市客运交通系统的结构及现状，分析城市客运交通与碳排放之间的关系，充分考虑各种变量之间的复合作用，确定系统内部要素之间的因果关系和反馈图，并在此基础上建立内在定量关系。

② 以扩展 STIRPAT 模型的分析结果为指导，分析城市绿色客运交通的发展和变化机理，建立混合 STIRPAT-SD 城市绿色客运交通碳排放预测模型，通过调整模型中相关因素的数值，探究不同优化策略情景下城市客运交通碳排放的

发展趋势。

③ 根据不同情景对城市客运交通碳排放产生影响的效果差异，为城市客运交通碳减排提供可行的政策建议。

4.5.3 模型边界

建立系统动力学模型，首先应该确定模型的研究范围，即系统边界。本研究的城市客运交通系统受人口、经济、交通、能源等多方面因素影响，其内部结构复杂，组织和要素之间表现为烦琐、多反馈回路非线性系统。因此，本节主要围绕影响城市客运交通发展问题的因素确定系统边界。城市客运交通系统中产生碳排放的交通方式主要包括：轨道交通、公共汽车、出租车及私家车。根据扩展STIRPAT模型分析结果可知，城市常住人口数量、人均GDP、城市客运交通车辆保有量和公共交通占比等均是影响城市客运交通系统碳排放的重要因素。本模型地域边界为山东省青岛市，面积为11293km^2。由于青岛市地铁于2015年年底开通，因此时间边界选为2015～2020年，模拟仿真步长为1年。

4.6 城市绿色客运交通碳排放预测模型构建

4.6.1 模型假设

不同的减排治理策略会对城市客运交通碳排放的发展趋势产生不同的影响。本研究基于所建立的STIRPAT-SD模型，通过调整某些政策变量的数值，模拟二氧化碳在不同政策情景下的发展趋势，从而分析不同策略对城市客运交通碳排放发展的影响作用。通过将改变后的输出结果，与基准情景下的结果进行对比，来探索适合城市客运交通发展的合理政策方案。本节在建立模型时为了简化非关键因素的影响，降低模型的复杂程度，对模型做出如下假设。

① 城市内部的交通能源消耗与碳排放主要来源于机动车，因此模型只研究轨道交通、公共汽车、出租车和私家车等客运出行方式的能源消耗与排放，慢行交通不在研究范围内，且各种化石能源消耗后最终以二氧化碳气体的形式排放。

② 在计算燃油汽车的排放时，不计算燃料开采、生产、运输阶段产生的排

放，仅计算使用阶段所产生的二氧化碳排放量；在计算电动汽车的排放时，将电力生产的碳排放计算在内。

4.6.2 因果回路图

在系统动力学方法中，一般用因果回路图描述系统的结构及各要素间的关系，因果回路图是系统动力学中表达因素关系的最常用图形之一，它仅仅是一个定性的反馈图，并不带有数量关系，只是定性地表达系统内因素的反馈机制。通过因果回路图可以确定系统内要素之间的正负反馈关系。根据扩展 STIRPAT 模型的分析结果可知，人口是城市发展的重要驱动力，人口增加会带动 GDP 的增长。人均 GDP 受人口和 GDP 因素的影响，同时人均 GDP 又影响着私家车保有量，是连接人口子系统、经济子系统与交通子系统的纽带，本节所建立的完整因果回路图如图 4.5 所示，表 4.6 为因果回路统计。

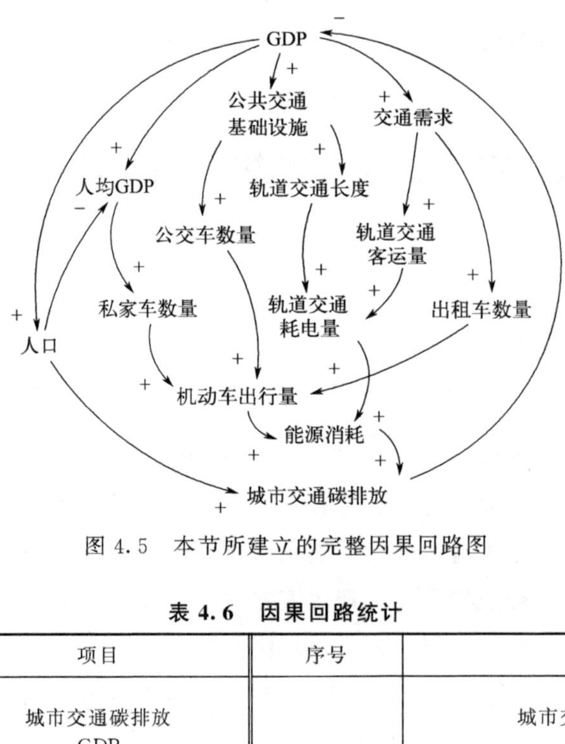

图 4.5 本节所建立的完整因果回路图

表 4.6 因果回路统计

序号	项目	序号	项目
1	城市交通碳排放 GDP 公共交通基础设施 公交车数量 机动车出行量 能源消耗	2	城市交通碳排放 GDP 人均 GDP 私家车数量 机动车出行量 能源消耗

续表

序号	项目	序号	项目
3	城市交通碳排放 GDP 公共交通基础设施 轨道交通长度 轨道交通耗电量 能源消耗	5	城市交通碳排放 GDP 交通需求 出租车数量 机动车出行量 能源消耗
4	城市交通碳排放 GDP 交通需求 轨道交通客运量 轨道交通耗电量 能源消耗	6	城市交通碳排放 GDP 人口 人均 GDP 私家车数量 机动车出行量 能源消耗

4.6.3 系统流量存图

在因果关系图的基础上，通过对系统中各因素之间关系的分析，应用状态变量、速率、参数可以准确地描述反馈系统中动态因子的积累效应。

系统动力学模型中主要包括状态变量、速率变量、辅助变量和常数四种常见类型的变量。状态变量一般也被称为流量或水平变量，它代表了事物或者某一量在固定步长内的积累值，其数值大小表示了系统某一特定时刻的状态值，状态变量必须在速率变量的作用下才能从某一数值状态改变成另一数值状态。速率变量是指随着时间的推移，使状态变量的数值增加或减少的变化率，它表示某个状态变量变化的快慢速度。辅助变量指在状态变量或其他辅助变量的基础上，通过函数关系和常数计算出的数值。

为了更加清晰、定量地描述城市绿色客运交通碳排放预测系统的积累效应，在因果回路图的基础上建立系统流图对模型变量进行详细、具体的分析。在明确系统内因素的状态关系后，在因果关系图的基础上，进一步对各因素之间的数量关系进行确定，完成系统流图的构建。本研究根据扩展 STIRPAT 模型将城市客运交通碳排放系统划分为 4 个子系统：人口子系统、经济子系统、交通子系统、碳排放子系统。

(1) 人口子系统与经济子系统

人口是城市发展的重要驱动力，人口增加会带动 GDP 的增长。人均 GDP 受人口和 GDP 因素的影响，同时人均 GDP 又影响着私家车保有量，是连接人口子系统、经济子系统与交通子系统的纽带。人口子系统主要分析人口的变化情况，经济子系统主要分析城市生产总值和人均 GDP 的变化情况，人口子系统与经济子系统如图 4.6 所示，其主要变量见表 4.7。

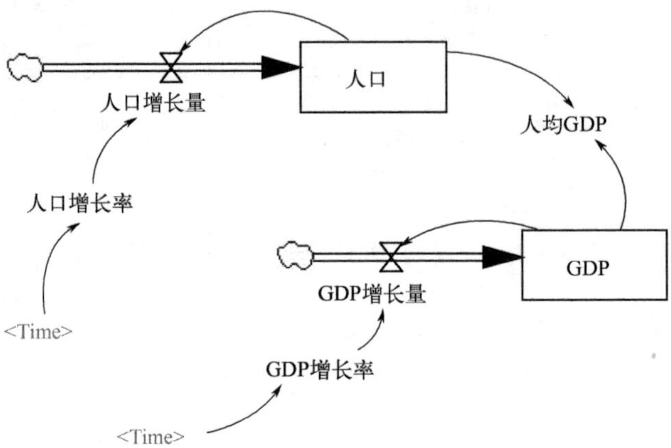

图 4.6　人口子系统与经济子系统

<Time>表示时间函数

表 4.7　人口子系统与经济子系统的主要变量

序号	变量名称	变量类型	单位
1	人口	状态变量	万人
2	GDP	状态变量	万元
3	人口增长量	速率变量	万人/年
4	GDP 增长量	速率变量	万元/年
5	人口增长率	表函数	无量纲
6	GDP 增长率	表函数	无量纲
7	人均 GDP	常量	元
8	时间	影子变量	年

(2) 交通子系统

交通子系统主要分析城市客运交通系统中各交通方式不同能源类型车辆保有量的变化情况。交通子系统包括 13 个状态变量、13 个速率变量、5 个常量、6 个影子变量、13 个表函数，其中的交通子系统如图 4.7 所示，主要变量见表 4.8。

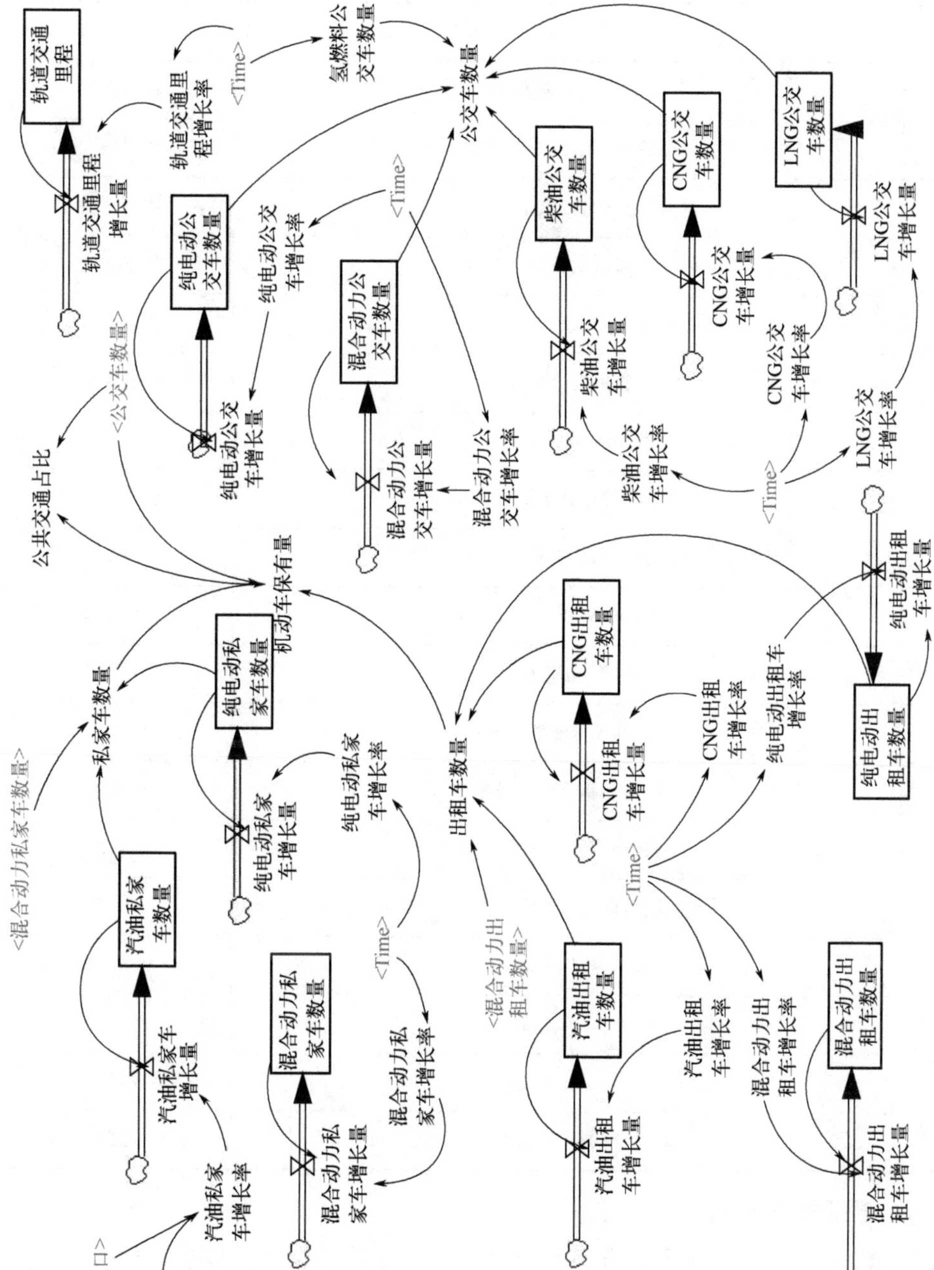

轨道交通里程
轨道交通里程增长量
轨道交通里程增长率
<Time>
氢燃料公交车数量
公交车数量
纯电动公交车数量
纯电动公交车增长率
纯电动公交车增长量
混合动力公交车数量
混合动力公交车增长量
混合动力公交车增长率
柴油公交车数量
柴油公交车增长量
柴油公交车增长率
CNG公交车数量
CNG公交车增长量
CNG公交车增长率
LNG公交车数量
LNG公交车增长量
LNG公交车增长率
<公交车数量>
公共交通占比
机动车保有量
私家车数量
<混合动力私家车数量>
纯电动私家车数量
纯电动私家车增长量
纯电动私家车增长率
出租车数量
CNG出租车数量
CNG出租车增长量
CNG出租车增长率
纯电动出租车增长率
纯电动出租车数量
纯电动出租车增长量
汽油私家车数量
汽油私家车增长量
汽油私家车增长率
<人口>
<人均GDP>
混合动力私家车数量
混合动力私家车增长量
混合动力私家车增长率
<混合动力出租车数量>
汽油出租车数量
汽油出租车增长量
汽油出租车增长率
混合动力出租车数量
混合动力出租车增长量
混合动力出租车增长率

图 4.7 交通子系统

表 4.8 交通子系统的主要变量

序号	变量名称	变量类型
1	汽油私家车数量	状态变量
2	纯电动私家车数量	状态变量
3	混合动力私家车数量	状态变量
4	氢燃料电池公交车数量	状态变量
5	CNG 出租车数量	状态变量
6	轨道交通里程	状态变量
7	汽油私家车增长量	速率变量
8	纯电动私家车增长量	速率变量
9	混合动力私家车增长量	速率变量
10	氢燃料电池公交车增长量	速率变量
11	CNG 出租车增长量	速率变量
12	汽油私家车增长率	表函数
13	纯电动私家车增长率	表函数
14	混合动力私家车增长率	表函数
15	氢燃料电池公交车增长率	表函数
16	CNG 出租车增长率	表函数
17	私家车数量	常量
18	公交车数量	常量
19	公共交通占比	常量

(3) 碳排放子系统

碳排放子系统主要分析城市客运交通系统能耗与二氧化碳排放总量的变化趋势。城市客运交通碳排放主要来自私家车、公交车、出租车以及轨道交通，其原因树如图 4.8 所示。碳排放子系统的主要变量见表 4.9，碳排放子系统如图 4.9 所示。

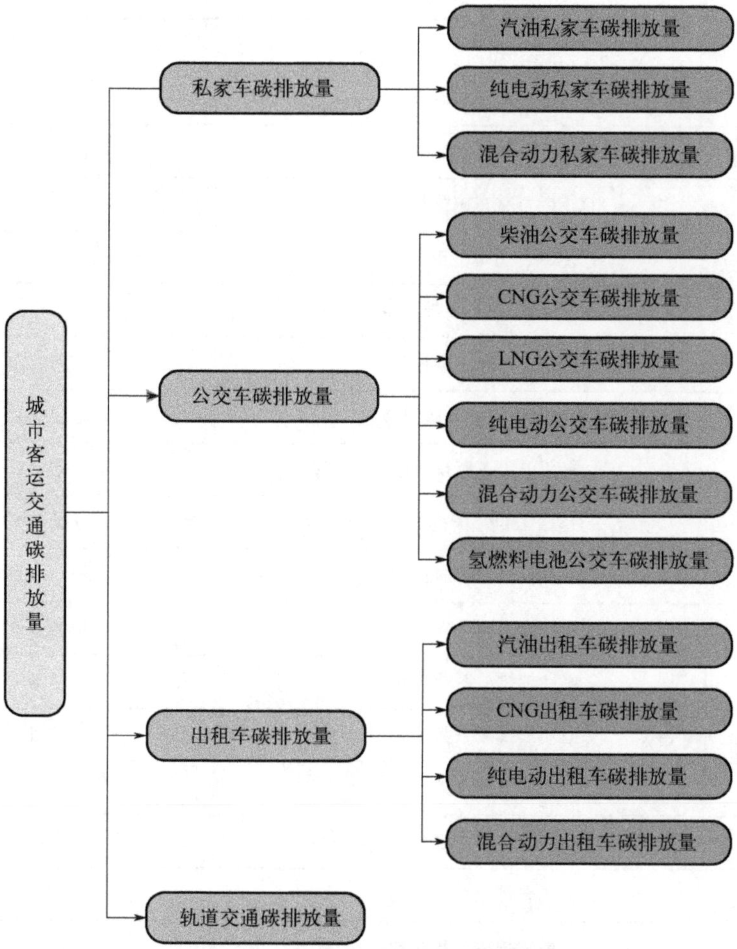

图 4.8　城市客运交通碳排放量原因树

表 4.9　碳排放子系统的主要变量

序号	变量名称	变量类型
1	私家车年均行驶里程	辅助变量
2	汽油私家车百公里能耗	辅助变量
3	汽油私家车能耗	辅助变量
4	汽油私家车碳排放量	辅助变量
5	纯电动私家车碳排放量	辅助变量
6	混合动力私家车油耗	辅助变量
7	混合动力私家车电耗	辅助变量

续表

序号	变量名称	变量类型
8	混合动力私家车碳排放量	辅助变量
9	柴油公交车碳排放量	辅助变量
10	CNG 公交车碳排放量	辅助变量
11	LNG 公交车碳排放量	辅助变量
12	纯电动公交车碳排放量	辅助变量
13	混合动力公交车碳排放量	辅助变量
14	氢燃料电池公交车碳排放量	辅助变量
15	汽油出租车碳排放量	辅助变量
16	CNG 出租车碳排放量	辅助变量
17	纯电动出租车碳排放量	辅助变量
18	混合动力出租车碳排放量	辅助变量
19	汽油碳排放系数能耗	常量
20	柴油碳排放系数能耗	常量
21	CNG 碳排放系数能耗	常量
22	LNG 碳排放系数能耗	常量
23	电能碳排放系数能耗	常量
24	氢能碳排放系数能耗	常量
25	汽油折合煤系数	常量
26	柴油折合煤系数	常量
27	CNG 折合煤系数	常量
28	LNG 折合煤系数	常量
29	私家车碳排放量	辅助变量
30	公交车碳排放量	辅助变量
31	出租车碳排放量	辅助变量
32	轨道交通碳排放量	辅助变量
33	城市客运交通碳排放量	辅助变量

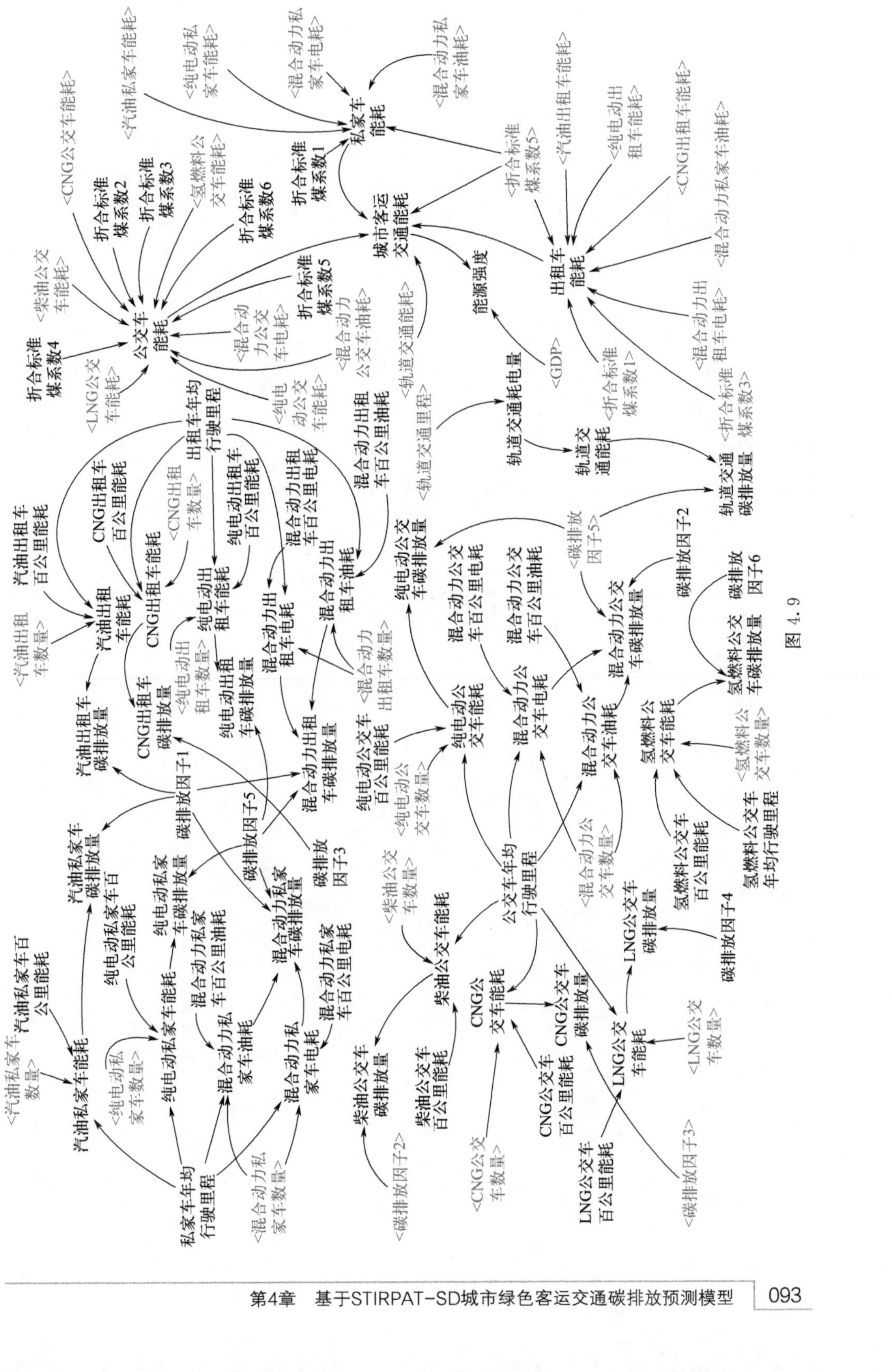

私家车能耗
城市客运交通能耗
公交车能耗
出租车能耗
能源强度
轨道交通耗电量
轨道交通能耗
轨道交通碳排放量
<GDP>
<轨道交通能耗>
<轨道交通里程>
折合标准煤系数1
折合标准煤系数2
折合标准煤系数3
折合标准煤系数4
折合标准煤系数5
折合标准煤系数6
<折合标准煤系数5>
<折合标准煤系数1>
<折合标准煤系数3>
<汽油私家车能耗>
<纯电动私家车能耗>
<混合动力私家车电耗>
<混合动力私家车油耗>
<汽油出租车能耗>
<纯电动出租车能耗>
<CNG出租车能耗>
<混合动力私家车油耗>
<混合动力出租车电耗>
<CNG公交车能耗>
<氢燃料公交车能耗>
<柴油公交车能耗>
<混合动力公交车电耗>
<混合动力公交车油耗>
<纯电动公交车能耗>
<LNG公交车能耗>
出租车车均行驶里程
汽油出租车百公里能耗
CNG出租车百公里能耗
纯电动出租车百公里能耗
混合动力出租车百公里电耗
混合动力出租车百公里油耗
<汽油出租车数量>
<CNG出租车数量>
<纯电动出租车数量>
<混合动力出租车数量>
汽油出租车能耗
CNG出租车能耗
纯电动出租车能耗
混合动力出租车电耗
混合动力出租车油耗
汽油出租车碳排放量
CNG出租车碳排放量
纯电动出租车碳排放量
混合动力出租车碳排放量
碳排放因子1
碳排放因子3
碳排放因子5
汽油私家车碳排放量
纯电动私家车碳排放量
混合动力私家车碳排放量
汽油私家车百公里能耗
纯电动私家车百公里能耗
混合动力私家车百公里油耗
混合动力私家车百公里电耗
<汽油私家车数量>
<纯电动私家车数量>
<混合动力私家车数量>
汽油私家车能耗
纯电动私家车能耗
混合动力私家车油耗
混合动力私家车电耗
私家车车均行驶里程
纯电动公交车碳排放量
混合动力公交车百公里电耗
混合动力公交车百公里油耗
<碳排放因子5>
碳排放因子2
碳排放因子6
混合动力公交车碳排放量
氢燃料公交车碳排放量
纯电动公交车能耗
混合动力公交车电耗
混合动力公交车油耗
氢燃料公交车能耗
纯电动公交车百公里能耗
<纯电动公交车数量>
<氢燃料公交车数量>
氢燃料公交车百公里能耗
氢燃料公交车车均行驶里程
<柴油公交车数量>
公交车车均行驶里程
<混合动力公交车数量>
柴油公交车能耗
CNG公交车能耗
CNG公交车碳排放量
LNG公交车碳排放量
碳排放因子4
LNG公交车能耗
<LNG公交车数量>
柴油公交车碳排放量
柴油公交车百公里能耗
CNG公交车百公里能耗
LNG公交车百公里能耗
<CNG公交车数量>
<碳排放因子2>
<碳排放因子3>

图 4.9

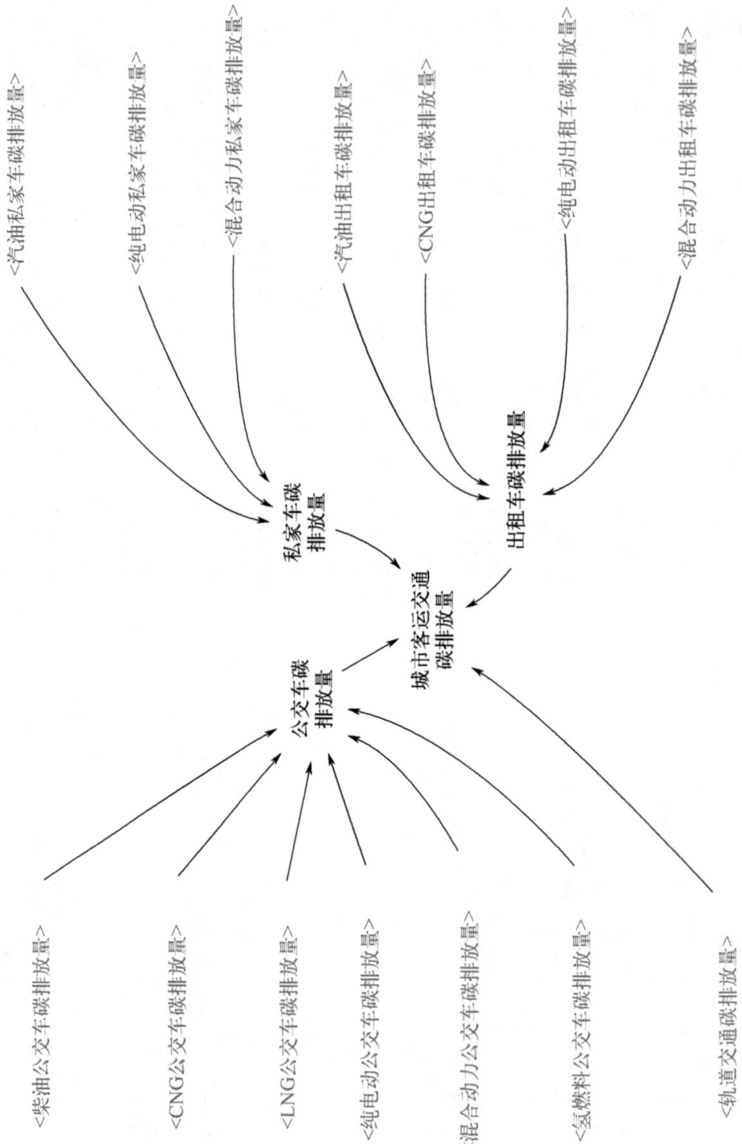
<汽油私家车碳排放量>
<纯电动私家车碳排放量>
<混合动力私家车碳排放量>
<汽油出租车碳排放量>
<CNG出租车碳排放量>
<纯电动出租车碳排放量>
<混合动力出租车碳排放量>
私家车碳排放量
出租车碳排放量
城市客运交通碳排放量
公交车碳排放量
<柴油公交车碳排放量>
<CNG公交车碳排放量>
<LNG公交车碳排放量>
<纯电动公交车碳排放量>
<混合动力公交车碳排放量>
<氢燃料公交车碳排放量>
<轨道交通碳排放量>

图 4.9 碳排放子系统

4.7 城市绿色客运交通碳排放情景分析研究

根据所构建的STIRPAT-SD城市绿色客运交通碳排放预测模型，以青岛市为例，依据青岛市的人口、经济和城市客运交通等统计数据，设置模型的结构方程，并对模型参数进行标定；然后利用Vensim PLE软件基于历史数据对模型进行有效性检验；最后运用情景分析法设定不同的优化发展情景，预测未来城市客运交通年碳排放量的发展趋势。

4.7.1 模型方程参数标定

STIRPAT-SD城市绿色客运交通碳排放预测模型的仿真模拟的时间范围为2015～2030年，时间步长为1年。模型仿真分为以下两个阶段：第一阶段为2015～2021年，此阶段主要根据仿真模拟结果对模型进行有效性检验，通过对STIRPAT-SD模型进行调试和修改，减小模型的误差，提高模型的可靠性；第二阶段为2022～2030年，此阶段主要是预测城市客运交通碳排放量，探究城市客运交通碳排放的发展趋势。

在系统动力学建模和模拟的过程中需要对系统中的参数取值进行估计，合理的参数取值能够确保模型的准确性，提高模型的可信度。本研究主要通过调查走访、资料查找和计量经济学等方法对模型中的变量进行参数标定。城市绿色客运交通碳排放预测模型中的历史数据主要包括城市人口数量、城市GDP、各类机动车保有量、车辆能源消耗、年均行驶里程以及轨道交通运营里程等统计数据。历史数据主要来自《青岛统计年鉴》、相关企业统计年报和青岛市政府数据开放平台。能源消耗参数取值主要来自国家温室气体清单指南和道路机动车排放清单编制技术指南。

4.7.2 因素数量关系结构方程

结构方程是系统流图中各因素之间关系的表达式，通过结构方程可以明确地看出模型中因素之间的数量关系。以下是可直接输入到Vensim PLE软件中的结构方程。

(001) CNG公交车增长率= WITH LOOKUP(Time,([(2015,－0.04)－(2035,10)],(2015,0.088314),(2016,0.0935181),(2017,0.0579186),(2018,0.216852),(2019,0.172935)))

(002) CNG公交车增长量= CNG公交车增长率 * CNG公交车数量

(003) CNG公交车数量= INTEG(CNG公交车增长量,1857)

(004) CNG公交车百公里能耗= 42.18

(005) CNG公交车碳排放量= CNG公交车能耗 * CNG碳排放系数

(006) CNG公交车能耗= CNG公交车数量 * CNG公交车百公里能耗 * 公交车年均行驶里程

(007) CNG出租车增长率= WITH LOOKUP(Time,([(2015,0)－(2035,10)],(2015,0.081062),(2016,0.208743),(2017,0.094948),(2018,0.002474),(2019,0.10328)))

(008) CNG出租车增长量= CNG出租车增长率 * CNG出租车数量

(009) CNG出租车数量= INTEG(CNG出租车增长量,5650)

(010) CNG出租车百公里能耗= 8.95

(011) CNG出租车碳排放量= CNG出租车能耗 * CNG碳排放系数

(012) CNG出租车能耗= CNG出租车数量 * CNG出租车百公里能耗 * 出租车年均行驶里程

(013) FINAL TIME= 2030模拟的最后时间

(014) GDP= INTEG(GDP增长量,8658.57)

(015) GDP增长率= WITH LOOKUP(Time,([(2015,0)－(2035,0.2)],(2015,0.072137),(2016,0.0919718),(2017,0.0801442),(2018,0.0723265),(2019,0.0561479)))

(016) GDP增长量= GDP * GDP增长率

(017) INITIAL TIME= 2015模拟的初始时间

(018) LNG公交车增长率= WITH LOOKUP(Time,([(2015,0)－(2035,10)],(2015,0.339623),(2016,0.15493),(2017,0.756098),(2018,0.0798611),(2019,0.163987)))

(019) LNG公交车增长量= LNG公交车增长率 * LNG公交车数量

(020) LNG公交车数量= INTEG(LNG公交车增长量,106)

(021) LNG公交车百公里能耗= 36

(022) LNG公交车碳排放量= LNG公交车能耗 * LNG碳排放系数

(023) LNG公交车能耗= LNG公交车数量 * LNG公交车百公里能耗 * 公交车年均行驶里程

(024) SAVEPER= TIME STEP

(025) TIME STEP= 1

(026) 人口= INTEG(人口增长量,944.6)

(027) 人口增长率= WITH LOOKUP(Time,([(2015,0)－(2035,0.2)],(2015,0.017362),(2016,0.0110302),(2017,0.0100865),(2018,0.0111066),(2019,0.0184118)))

(028) 人口增长量= 人口 * 人口增长率

(029) 人均 GDP= GDP/人口

(030) 公交车年均行驶里程= 67000

(031) 公交车数量= CNG 公交车数量＋LNG 公交车数量＋柴油公交车数量＋氢燃料公交车数量＋混合动力公交车数量＋纯电动公交车数量

(032) 公交车碳排放量= CNG 公交车碳排放量＋LNG 公交车碳排放量＋柴油公交车碳排放量＋氢燃料公交车碳排放量＋混合动力公交车碳排放量＋纯电动公交车碳排放量

(033) 公交车能耗= 柴油公交车能耗 * 柴油折合煤系数＋CNG 公交车能耗 * CNG 折合煤系数＋LNG 公交车能耗 * LNG 折合煤系数＋纯电动公交车能耗 * 电能折合煤系数＋混合动力公交车油耗 * 柴油折合煤系数＋混合动力公交车电耗 * 电能折合煤系数＋氢燃料公交车能耗 * 氢能折合煤系数

(034) 公共交通占比= 公交车数量/机动车保有量

(035) 出租车年均行驶里程= 130000

(036) 出租车数量= CNG 出租车数量＋汽油出租车数量＋混合动力出租车数量＋纯电动出租车数量

(037) 出租车碳排放量= CNG 出租车碳排放量＋汽油出租车碳排放量＋混合动力出租车碳排放量＋纯电动出租车碳排放量

(038) 出租车能耗= 汽油出租车能耗 * 汽油折合煤系数＋CNG 出租车能耗 * CNG 折合煤系数＋纯电动出租车能耗 * 电能折合煤系数＋混合动力出租车电耗 * 电能折合煤系数＋混合动力私家车油耗 * 电能折合煤系数

(039) 城市客运交通碳排放量= 公交车碳排放量＋出租车碳排放量＋私家车碳排放量＋轨道交通碳排放量

(040) 城市客运交通能耗= 公交车能耗＋出租车能耗＋私家车能耗＋轨道交通能耗 * 电能折合煤系数

(041) 汽油折合煤系数= 1.4714

(042) 柴油折合煤系数= 1.4571

(043) CNG 折合煤系数= 1.215

(044) LNG 折合煤系数= 1.7572

(045) 电能折合煤系数= 0.1229

(046) 氢能折合煤系数= 0.3329

(047) 机动车保有量= 公交车数量＋出租车数量＋私家车数量

(048) 柴油公交车增长率= WITH LOOKUP(Time,([(2015,－0.6)－(2035,10)],(2015,－0.211792),(2016,－0.113247),(2017,－0.137135),(2018,－0.364282),(2019,－0.515464)))

(049) 柴油公交车增长量= 柴油公交车增长率 * 柴油公交车数量

(050) 柴油公交车数量= INTEG(柴油公交车增长量,3036)

(051) 柴油公交车百公里能耗= 28.88

(052) 柴油公交车碳排放量= 柴油公交车能耗 * 柴油碳排放系数

(053) 柴油公交车能耗= 公交车年均行驶里程 * 柴油公交车数量 * 柴油公交车百公里能耗

(054) 氢燃料公交测百公里能耗= 6.67

(055) 氢燃料公交车年均行驶里程= 18857

(056) 氢燃料公交车数量= WITH LOOKUP(Time,([(2015,0)－(2035,3000)],(2015,0),(2016,0),(2017,0),(2018,0),(2019,0),(2020,50)))

(057) 氢燃料公交车碳排放量= 氢燃料公交车能耗 * 氢能碳排放系数

(058) 氢燃料公交车能耗= 氢燃料公交车年均行驶里程 * 氢燃料公交车百公里能耗 * 氢燃料公交车数量

(059) 汽油出租车增长率= WITH LOOKUP(Time,([(2015,0.04)－(2035,10)],(2015,0.061147),(2016,0.0613333),(2017,0.0653266),(2018,0.0848031),(2019,0.0484923)))

(060) 汽油出租车增长量= 汽油出租车增长率 * 汽油出租车数量

(061) 汽油出租车数量= INTEG(汽油出租车增长量,8128)

(062) 汽油出租车百公里能耗= 9

(063) 汽油出租车碳排放量= 汽油出租车能耗 * 汽油碳排放系数

(064) 汽油出租车能耗= 出租车年均行驶里程 * 汽油出租车数量 * 汽油出租车百公里能耗

(065) 汽油私家车增长率= 0.591－0.032 * (人口/100)－0.016 * 人均 GDP

(066) 汽油私家车增长量= 汽油私家车增长率 * 汽油私家车数量

(067) 汽油私家车数量= INTEG(汽油私家车增长量,1.66738e＋06)

(068) 汽油私家车百公里能耗= 6.43

(069) 汽油私家车碳排放量= 汽油私家车能耗 * 汽油碳排放系数

(070) 汽油私家车能耗= 汽油私家车数量 * 汽油私家车百公里能耗 * 私家车年均行驶里程

(071) 混合动力公交车增长率= WITH LOOKUP(Time,([(2015,－0.5)－(2035,10)],(2015,0.164751),(2016,0.506579),(2017,－0.465066),(2018,－0.138776),(2019,－0.470774)))

(072) 混合动力公交车增长量= 混合动力公交车增长率 * 混合动力公交车数量

(073) 混合动力公交车数量= INTEG(混合动力公交车增长量,783)

(074) 混合动力公交车油耗= 公交车年均行驶里程 * 混合动力公交车数量 * 混合动力公交车百公里油耗

(075) 混合动力公交车电耗= 公交车年均行驶里程 * 混合动力公交车数量 * 混合动力公交车百公里电耗

(076) 混合动力公交车百公里油耗= 10.25

(077) 混合动力公交车百公里电耗= 96

(078) 混合动力公交车碳排放量= 混合动力公交车油耗 * 柴油碳排放系数＋混合动力公交车电耗 * 电能碳排放系数

(079) 混合动力出租车增长率= WITH LOOKUP(Time,([(2015,0)－(2035,10)],(2015, 7.47619),(2016, 1.94944),(2017, 0.902222),(2018, 0.15721),(2019, 0.0530718)))

(080) 混合动力出租车增长量= 混合动力出租车增长率 * 混合动力出租车数量

(081) 混合动力出租车数量= INTEG(混合动力出租车增长量,63)

(082) 混合动力出租车油耗= 出租车年均行驶里程 * 混合动力出租车数量 * 混合动力出租车百公里油耗

(083) 混合动力出租车电耗= 出租车年均行驶里程 * 混合动力出租车数量 * 混合动力出租车百公里电耗

(084) 混合动力出租车百公里油耗= 4

(085) 混合动力出租车百公里电耗= 13

(086) 混合动力出租车碳排放量= 混合动力出租车油耗 * 汽油碳排放系数＋混合动力出租车电耗 * 电能碳排放系数

(087) 混合动力私家车增长率= WITH LOOKUP(Time,([(2015,0)－(2035,10)],(2015,0),(2016,3.81358),(2017,0.185862),(2018,0.273036),(2019,0.157829)))

(088) 混合动力私家车增长量= 混合动力私家车数量 * 混合动力私家车增长率

(089) 混合动力私家车数量= INTEG(混合动力私家车增长量,1443)

(090) 混合动力私家车油耗= 混合动力私家车数量 * 混合动力私家车百公里油耗 * 私家车年均行驶里程

(091) 混合动力私家车电耗= 混合动力私家车数量 * 混合动力私家车百公里电耗 * 私家车年均行驶里程

(092) 混合动力私家车百公里油耗= 3.5

(093) 混合动力私家车百公里电耗= 10

(094) 混合动力私家车碳排放量= 混合动力私家车油耗 * 汽油碳排放系数＋混合动力私家车电耗 * 电能碳排放系数

(095) 汽油碳排放系数= 2.123

(096) 柴油碳排放系数= 2.588

(097) CNG 碳排放系数= 1.978

(098) LNG 碳排放系数= 1.464

(099) 电能碳排放系数= 0.884

(100) 氢能碳排放系数= 22.66

(101) 私家车年均行驶里程= 18491

(102) 私家车数量= 汽油私家车数量+混合动力私家车数量+纯电动私家车数量

(103) 私家车碳排放量= 汽油私家车碳排放量+混合动力私家车碳排放量+纯电动私家车碳排放量

(104) 私家车能耗= 汽油私家车能耗 * 汽油折合煤系数+纯电动私家车能耗 * 电能折合煤系数+混合动力私家车油耗 * 汽油折合煤系数+混合动力私家车电耗 * 电能折合煤系数

(105) 纯电动公交车增长率= WITH LOOKUP(Time,([(2015,-0.2)-(2035,7e+06)],(2015,0.803313),(2016,-0.1102),(2017,0.679355),(2018,0.358433),(2019,0.104355)))

(106) 纯电动公交车增长量= 纯电动公交车增长率 * 纯电动公交车数量

(107) 纯电动公交车数量= INTEG(纯电动公交车增长量,966)

(108) 纯电动公交车百公里能耗= 106.61

(109) 纯电动公交车碳排放量= 电能碳排放系数 * 纯电动公交车能耗

(110) 纯电动公交车能耗= 公交车年均行驶里程 * 纯电动公交车数量 * 纯电动公交车百公里能耗

(111) 纯电动出租车增长率= WITH LOOKUP(Time,([(2015,0)-(2035,10)],(2015,7.26908),(2016,2.04954),(2017,0.69406),(2018,0.0857385),(2019,0.0958525)))

(112) 纯电动出租车增长量= 纯电动出租车增长率 * 纯电动出租车数量

(113) 纯电动出租车数量= INTEG(纯电动出租车增长量,249)

(114) 纯电动出租车百公里能耗= 15

(115) 纯电动出租车碳排放量= 电能碳排放系数 * 纯电动出租车能耗

(116) 纯电动出租车能耗= 出租车年均行驶里程 * 纯电动出租车数量 * 纯电动出租车百公里能耗

(117) 纯电动私家车增长率= WITH LOOKUP(Time,([(201,0)-(2035,3000)],(2015,18.641),(2016,4.30483),(2017,0.65147),(2018,0.224491),(2019,0.574706)))

(118) 纯电动私家车增长量= 纯电动私家车数量 * 纯电动私家车增长率

(119) 纯电动私家车数量= INTEG(纯电动私家车增长量,156)

(120) 纯电动私家车百公里能耗= 12.45

(121) 纯电动私家车碳排放量= 纯电动私家车能耗 * 电能碳排放系数

(122) 纯电动私家车能耗= 私家车年均行驶里程 * 纯电动私家车数量 * 纯电动私家车百公里能耗

(123) 能源强度= 城市客运交通能耗/GDP

(124) 轨道交通碳排放量= 电能碳排放系数 * 轨道交通能耗/1000

(125) 轨道交通耗电量= 385.129 * 轨道交通里程^0.80072

(126) 轨道交通能耗= 轨道交通耗电量

(127) 轨道交通里程= INTEG(轨道交通里程增长量,45)

(128) 轨道交通里程增长率= WITH LOOKUP(Time,([(2015,0)-(2035,10)],(2015,0),(2016,0),(2017,2.75555),(2018,0.0442011),(2019,0.397727),(2020,0.172)))

(129) 轨道交通里程增长量= 轨道交通里程 * 轨道交通里程增长率

4.7.3 模型测试和检验

有效性检验是检验系统动力学模型可靠性的关键步骤。有效性检验是验证所建立的系统动力学模型的仿真模拟结果与系统的历史数据是否相符合，通过历史检验可以发现系统动力学模型中存在的问题，从而对模型加以修改和完善，能够保证系统动力学模型的有效性和准确性。

本节以青岛市实际数据为例，对所建立的城市绿色客运交通碳排放预测模型进行检验。通过在 Vensim PLE 软件中输入模型方程和参数取值，对 2015～2021 年系统中的关键变量进行有效性检验。选择模型中的主要变量进行检验，本节选取人均 GDP、汽油私家车保有量、轨道交通耗电量和碳排放量 4 个核心变量进行有效性检验。表 4.10 为模型有效性检验结果。可以看出，模拟结果与实际结果相比，误差值均在 5%以内，说明构建的模型与实际表现基本符合，具有较高的可信度，可用于对城市客运交通碳排放预测情景模拟。

表 4.10 模型有效性检验结果

时间	数值	人均 GDP /万元	汽油私家车保有量 /辆	轨道交通耗电量 /(万千瓦・时)	碳排放量 /万吨
2015 年	实际值	92157	1667538	0	494.051
	模拟值	91669	1668980	0	500.205
	误差率/%	0.529206	0.086475	0	1.245624

续表

时间	数值	人均 GDP /万元	汽油私家车保有量 /辆	轨道交通耗电量 /(万千瓦·时)	碳排放量 /万吨
2016 年	实际值	97430	1904772	3259.8	567.1614
	模拟值	96600	1908770	3264.721	570.908
	误差率/%	0.852817	0.209894	0.15096	0.660586
2017 年	实际值	104905	2122629	8048.3	642.7941
	模拟值	104333	2172960	7907.044	653.457
	误差率/%	0.545255	2.371163	1.755104	1.658829
2018 年	实际值	112129	2321113	24494	719.8707
	模拟值	111569	2428100	25252.36	746.807
	误差率/%	0.499425	4.609297	3.096101	3.74183
2019 年	实际值	118979	2534523	29316	791.1416
	模拟值	118324	2621940	28880.65	818.503
	误差率/%	0.550517	3.449051	1.485032	3.458468
2020 年	实际值	123828	2731563	30071	815.6777
	模拟值	122709	2813670	29882.43	830.027
	误差率/%	0.903673	3.005861	0.627099	1.759188
2021 年	实际值	138849	2931826	31956	866.87
	模拟值	137255	3052910	32990.34	891.027
	误差率/%	1.1480097	4.129986	3.238828	2.786692

4.8 城市绿色客运交通减排情景分析

情景分析法也叫前景描述法，是在假定某种设定的政策或情景一直持续到某个时间的情况下，对所研究对象（本书指城市客运交通碳排放）的变化和发展趋势进行预测的方法。该方法在企业经营管理、能源需求管理、环境管理等方面具有重要的意义。该方法的核心内容是：通过对研究对象及其周边环境的研究，识别影响研究对象发展的外在因素，对未来可能出现的各种不同的情景进行仿真，并对其发展趋势进行预测，进而为制定科学的决策提供参考。情景分析法的优点在于它可以帮助管理者和决策者更好地了解研究对象的未来发展趋势，从而防止由于过度估计未来发展而引起的决策失误。

情景分析法主要分为以下四个步骤：情景的准备、情景的设置、情景的预测以及情景的评价。其中情景的设置是情景分析法中最重要的一步，在设置情景时，首先应对基准情景进行设定，其次对策略情景进行适当组合，从而进行基准情景模拟、单一策略模拟、双策略模拟以及全策略模拟等多种情景模拟。其中，基准情景是指在无政策干预的情况下，对城市客运交通的碳排放量进行预测。单一策略模拟是指在设置多种策略的情况下，利用 Vensim PLE 软件对多种策略依次进行仿真模拟，探究不同策略对碳排放量的影响效果。组合策略模拟分为双策略模拟以及全策略模拟。双策略模拟是指基于单一策略模拟，对模拟策略进行两两组合，从而对城市客运交通碳排放量进行预测。全策略模拟是指对上述所有策略进行仿真模拟，从而探究优化策略的碳减排效果。

4.8.1 情景政策设计

根据扩展 STIRPAT 模型结果可知，能源强度和公共交通占比会对城市客运交通碳排放产生重要的影响。因此，根据前文对城市客运交通系统的分析，本小节确定通过技术性、结构性和管理性三方面进行情景分析，具体模拟策略如下。

① 技术优化策略（TOS）：发展能源技术策略和发展新能源汽车技术策略。

② 客运结构优化策略（PTS）：提高轨道交通里程增长率策略和私家车限行策略。

③ 管理优化策略（MOS）：纯电动汽车更新策略和发展氢燃料电池公交车策略。

情景设置如图 4.10 所示。本书以青岛市为例，分别进行单一策略、双策略及全策略情景模拟，通过对比分析不同情景下的城市客运交通碳排放量的变化趋势，探索适合城市客运交通系统实现绿色减排的策略。

4.8.2 交通减排策略情景模拟分析——单一策略模拟

单一策略模拟是对上述三类模拟情景中的变量进行逐一变动，同时保持其他两类情景所对应的变量不变，分析单一策略模拟变动对城市客运交通碳排放的影响，进而对比不同策略对碳排放量的控制效果。单一策略模拟方式只考虑自身对应变量变动对碳排放的影响效果，不考虑变量之间的交互作用产生的影响，因此，这类基于控制变量思想的方式能够更清晰地分辨出对碳排放量影响最显著的策略情景。

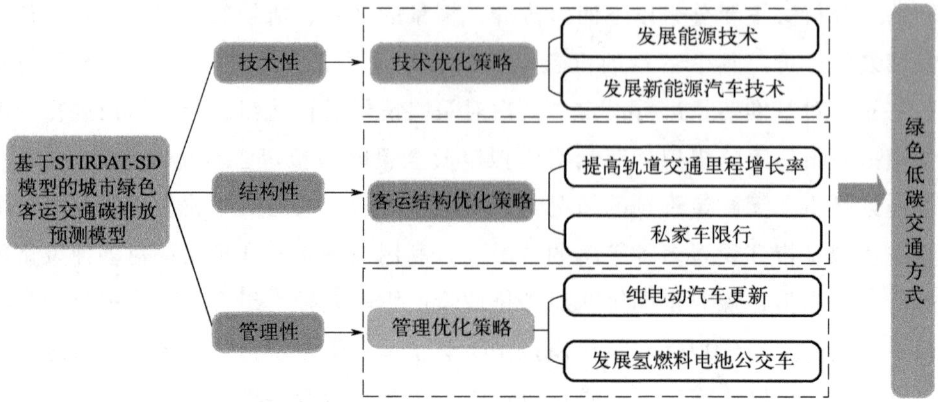

图 4.10　情景设置

(1) 技术优化策略

技术优化策略设置的目标是为了提高运输能效，降低能源强度。由扩展STIRPAT模型分析结果可以发现，能源强度是除人口数量外，对碳排放影响最大的因素，因此，本研究设置了以下两种优化策略。

策略1：发展能源技术，使青岛市电能排放因子到2030年时降低30%，氢燃料排放系数降低至5.5kg CO_2/kg H_2。

策略2：发展新能源汽车技术，使新能源汽车能耗到2030年时降低10%。

利用STIRPAT-SD城市绿色客运交通碳排放预测模型仿真模拟技术优化策略下，城市客运交通碳排放量的发展趋势，结果如图4.11所示。

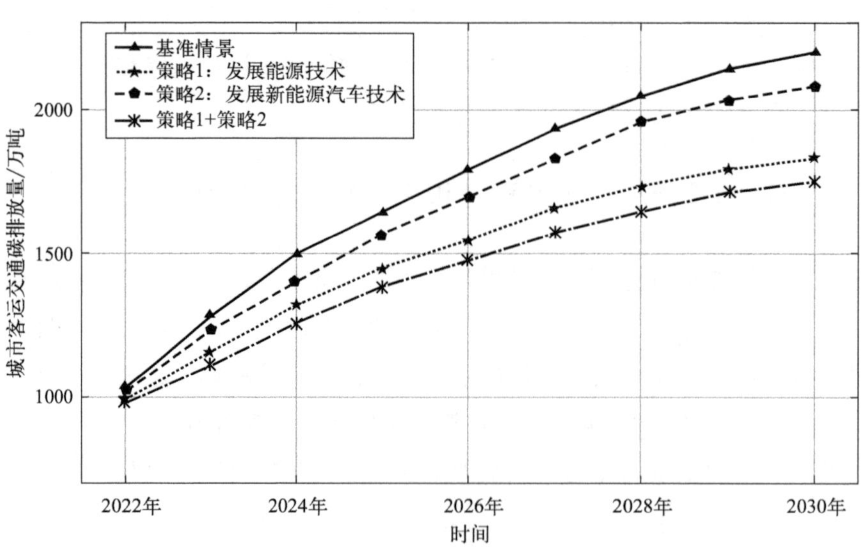

图 4.11　技术优化策略下青岛市交通碳排放变化趋势

从图 4.11 中可以看出，在两种不同的优化策略情景下，预计 2030 年碳排放量将分别为 1833.27 万吨和 2087.18 万吨，两种策略共同作用下的碳排放量为 1753.02 万吨。与基准情景相比，策略 1 情景下减排率约为 17%，策略 2 约为 5%，总减排率为 20%。两种优化策略均能够通过调节能源强度而控制城市客运交通碳排放量，与策略 2 相比，策略 1 能够更大程度地降低碳排放量，实现节能减排。

目前我国主要是通过火力发电、煤炭制氢，轨道交通、电动汽车及氢燃料电池汽车产生的碳排放主要来自生产环节，而电力及氢燃料行业对化石能源依赖度极高，因此，若能改进发电技术或使用清洁能源发电，其减排潜力是巨大的。

(2) 客运结构优化策略

交通结构是城市交通体系中不同交通工具所承担的交通量比重，合理的交通结构是提高交通运行效率、促进节能减排的关键。客运结构优化策略主要是对城市客运交通系统的内部结构进行优化，通过调整出行方式结构，分析节能减排效率，寻找最优的发展策略。目前，青岛市轨道交通仍处于初期建设、运营阶段，发展历史较短，在形成有效的产业链集群方面还有待突破。因此，本研究提出了客运结构优化策略，优化客运结构主要是从提高轨道交通里程以降低私家车出行比重方面来考虑的。由此，本研究设定了以下两种优化策略，并利用所构建模型进行模拟。

策略 1：使轨道交通里程增长率到 2030 年时达到青岛市设计规划预期目标，同时使汽油私家车年增长率降低 10%。

策略 2：使私家车的年均行驶里程到 2030 年时降低 20%。

利用 STIRPAT-SD 模型仿真模拟两种客运结构优化策略下城市客运交通碳排放量的发展趋势，结果如图 4.12 所示。

由图 4.12 可以看出，在两种策略情景下，预计 2030 年青岛市客运碳排放量将分别为 1844.77 万吨和 2094.37 万吨，两种策略共同作用下的碳排放量为 1689.72 万吨。与基准情景相比，策略 1 的减排率约为 16%，策略 2 的减排率约为 5%，总减排率为 23%。两种优化策略的发展都逐渐趋于平缓，说明两种策略在未来均能有效减少碳排放，其中，提高轨道交通里程策略优于私家车限行策略。

由前文分析结果可知，轨道交通的人均碳排放因子低于私家车的人均碳排放因子，与私家车出行相比，轨道交通出行运量更大、速度更快、更具环保性，是更加绿色的出行方式，提高轨道交通里程增长率能够增加轨道交通客运量，提高公共交通出行分担率，对降低交通碳排放起到促进作用。因此，应积极推动轨道交通建设，提高轨道交通比重，逐步建成以轨道交通为骨干、常规公交为主体、出租车为辅助的一体化公共交通出行系统。

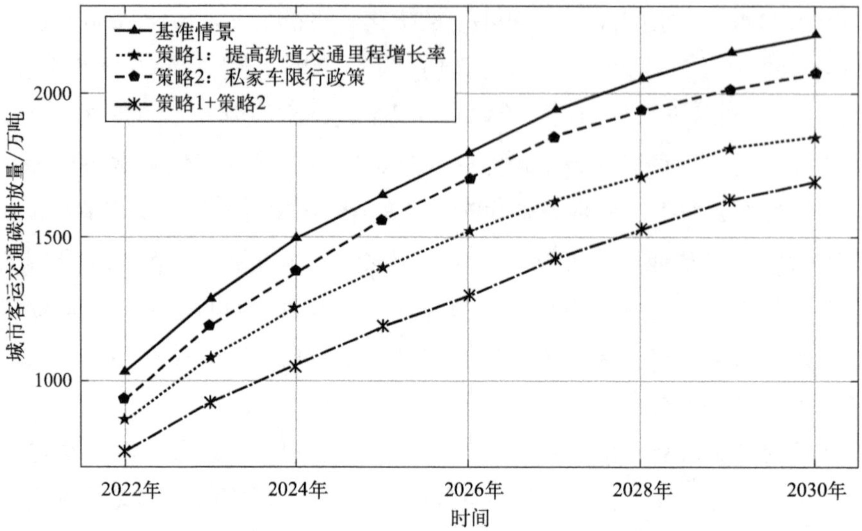

图 4.12 客运结构优化策略下青岛市交通碳排放变化趋势

(3) 管理优化策略

管理优化策略主要表现在对不同出行方式车辆的管理。随着新能源汽车的发展，推广新能源汽车成为发展城市绿色交通的关键举措。目前，我国纯电动型私家车和燃料电池公交车均具有良好的发展前景，其推广发展对降低城市大气污染、改善城市环境和降低能源消耗有着重大意义。因此，本研究提出的管理优化策略主要是为了提高新能源汽车占比，并由此设定以下两种优化策略。

策略 1：实施纯电动汽车更新政策，每年将 2%的汽油私家车更新为纯电动私家车。

策略 2：大力发展氢燃料电池公交车，到 2030 年时，将所有公交车均更新为氢燃料电池型公交车。

利用 STIRPAT-SD 模型仿真模拟两种管理优化策略下城市客运交通碳排放量的发展趋势，结果如图 4.13 所示。

由图 4.13 可以看出，在两种策略情景下，预计 2030 年碳排放量将分别为 2148.32 万吨和 2088.53 万吨，两种策略共同作用下的碳排放量为 2002.04 万吨。与基准情景相比，策略 1 的减排率约为 2%，策略 2 的减排率约为 5%，总减排率为 9%。两种策略均能有效减少城市客运交通碳排放量，能够对城市客运交通减排起到显著效果。在发展前期，策略 1 即纯电动汽车更新政策的碳排放量低于策略 2，但随着时间的推移，其碳排放量在预测年限内最终超过策略 2。由此可知，策略 2 的减排效果强于策略 1，即发展氢燃料电池公交车的减排效果更好。

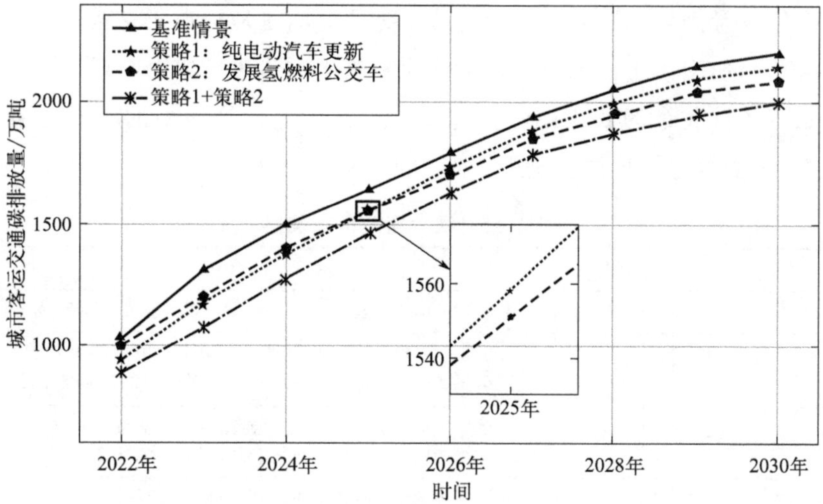

图 4.13 管理优化策略下青岛市交通碳排放变化趋势

如图 4.14 所示为我国燃料电池汽车产业发展现状，从图 4.14 中可以看出，2010～2015 年为我国燃料电池汽车的酝酿期；从 2016 年开始，我国燃料电池汽车的保有量逐年开始增长；预计到 2025 年，燃料电池汽车保有量能够达到 5 万辆。正如前文中已经介绍的我国关于发展氢能和燃料电池汽车的相关产业政策，发展氢能和氢燃料电池汽车成为我国能源脱碳的必然选择，尤其是我国作为世界第一产氢大国，2022 年全国氢气产量达 3781 万吨，具有良好的氢能发展基础。

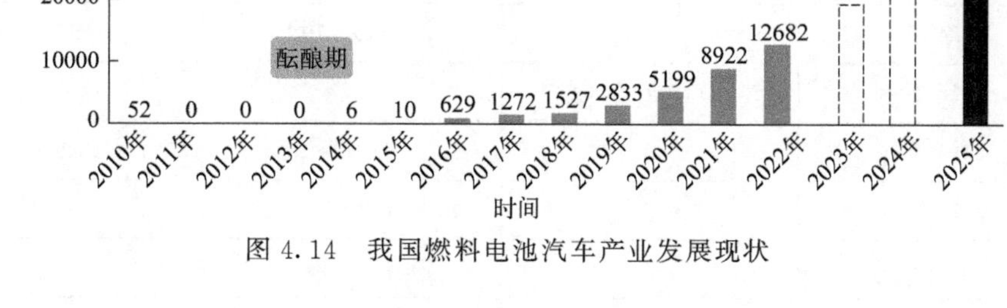

图 4.14 我国燃料电池汽车产业发展现状

4.8.3 交通减排策略情景模拟分析——组合策略模拟

上述三种优化策略虽然能够对碳减排起到一定的控制效果，但总体上城市客运交通碳排放量仍呈现逐年递增的趋势。为了更清楚地把握每种策略对城市客运交通碳排放的作用大小，本节对以上优化策略进一步进行组合，模拟双策略及全策略情景下碳排放量的变化趋势。首先，对三种优化策略中的不同方案进行整合，表 4.11 为组合模拟情景设置。

表 4.11 组合模拟情景设置

情景	名称	内容
基准情景	BS	无政策干预
技术优化策略	TOS	到 2030 年，青岛市电网排放因子降低 30%，氢燃料排放系数降低至 5.5kg CO_2/kg H_2，新能源汽车百公里能耗降低 10%
客运结构优化策略	PTS	到 2030 年，轨道交通里程达到青岛市预期设计目标，汽油私家车年增长率降低 10%，私家车的年均行驶里程降低 20%
管理优化策略	MOS	每年将 2% 的汽油私家车更新为纯电动型；到 2030 年，将所有公交车均更新为氢燃料电池型

三种优化策略下城市客运交通碳排放量对比见表 4.12。利用 STIRPAT-SD 城市绿色客运交通碳排放预测模型分析表 4.12 中三种优化策略下青岛市客运交通碳排放量的变化趋势，结果如图 4.15 所示。可以看出三种策略实施后城市客运交通碳排放总量有所降低，但是效果不尽相同。实施管理优化策略只能使碳排放总量略微下降，碳减排效果并不显著，客运结构优化策略对减排效果最为明显。2022～2030 年三种优化策略实施下的碳减排率分别为 20%、23% 和 9%，从大到小依次为：客运结构优化策略＞技术优化策略＞管理优化策略。

表 4.12 三种优化策略下城市客运交通碳排放量对比　　单位：万吨

时间	TOS	PTS	MOS
2022 年	987.978	757.498	890.961
2023 年	1099.87	924.867	1078
2024 年	1209.25	1045.379	1275.51
2025 年	1317.86	1192.352	1467.08
2026 年	1409.74	1301.681	1629.64
2027 年	1502.34	1423.16	1785.16
2028 年	1608.25	1522.58	1873.35
2029 年	1697.78	1604.96	1955.72
2030 年	1753.02	1689.72	2002.04

为了探究实现绿色交通的策略组合方式，对以上优化策略进行双策略模拟和

全策略模拟。双策略模拟是对以上三种策略中某两种策略的变量进行变动，控制其他变量不变，分析这两种策略变动对城市客运交通碳排放的影响，此种模拟方式不仅考虑了每种策略对碳排放的影响，还考虑了不同变量之间的两两交互作用。全策略模拟是对三种策略中的所有变量进行改变，分析全部变量变化对碳排放的影响作用，此种模拟方式所考虑的效果最全面，不仅考虑了单一策略的作用，还考虑了变量之间的交互作用。设置的四种策略组合方案如下。

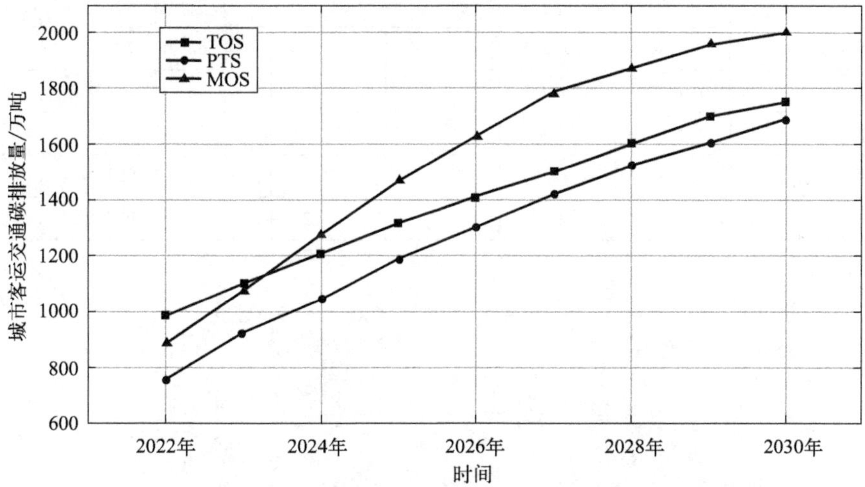

图 4.15　三种优化策略下城市客运交通碳排放量变化趋势

情景一：TOS+PTS。

情景二：TOS+MOS。

情景三：PTS+MOS。

情景四：TOS+PTS+MOS。

组合策略下碳排放量对比见表 4.13。利用 STIRPAT-SD 模型进行双策略模拟和全策略模拟，探究城市客运交通碳排放量的发展趋势，结果如图 4.16 所示。

图 4.16 分别展示了基准情景、单一策略及组合策略模拟情景下城市客运交通碳排放量的发展变化。可以看出实施组合策略后取得的减排效果更加显著。对于双策略模拟，其减排效果为：TOS+PTS＞TOS+MOS＞PTS+MOS，即技术优化策略与客运结构优化策略组合的减排效果最佳，技术优化策略与客运结构优化策略是城市客运交通减排策略的重要方式。全策略模拟能够极大限度地降低城市客运交通碳排放量，三种策略能够为城市客运交通实现碳达峰起到重要作用。

表 4.13　组合策略下碳排放量对比

时间	情景一		情景二		情景三		情景四	
	碳排放量/万吨	减排率/%	碳排放量/万吨	减排率/%	碳排放量/万吨	减排率/%	碳排放量/万吨	减排率/%
2022 年	742.925	28.12	528.5	44.11	635.509	28.44	401.97	55.70
2023 年	876.611	32.81	666.384	44.63	799.221	29.07	489.434	57.03
2024 年	970.767	35.16	775.655	44.78	926.708	30.39	559.104	58.02
2025 年	1057.21	35.71	898.779	44.78	1091.388	31.32	643.139	59.12
2026 年	1139.477	36.46	990.248	44.85	1219.161	32.02	725.241	59.56
2027 年	1213.663	36.83	1067.668	45.34	1329.736	33.63	791.496	60.89
2028 年	1289.74	37.16	1133.425	48.19	1428.72	38.10	861.695	61.11
2029 年	1343.64	37.31	1187.27	48.86	1520.88	38.51	921.391	62.49
2030 年	1390.45	37.34	1230.35	48.93	1575.27	38.75	975.127	62.66

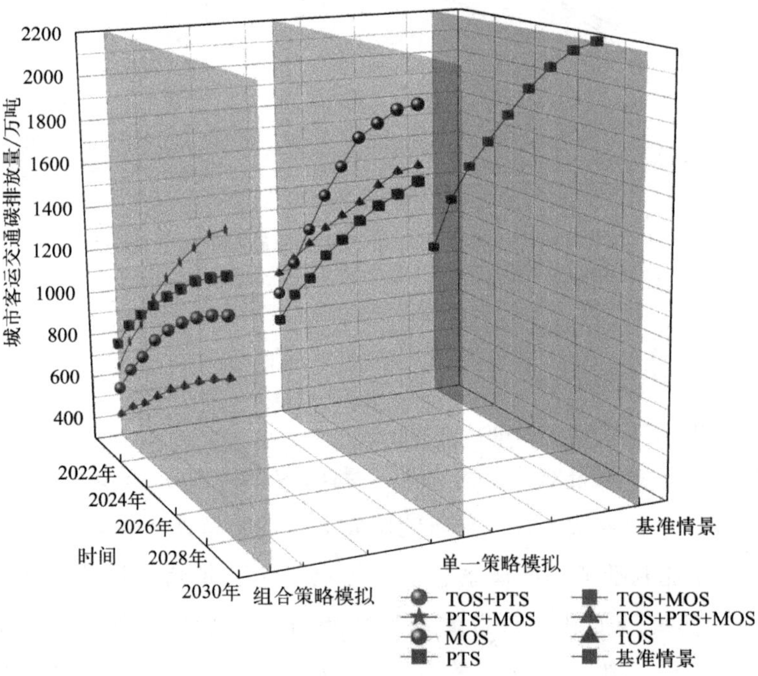

图 4.16　组合策略下青岛市交通碳排放变化趋势（彩图）

推进城市客运交通实现碳达峰需要制定科学合理的决策方案。首先，应将客运结构优化策略作为优先实施的调控策略，加大公共交通建设投资，推进轨道交通建设，提高公共交通的服务水平和分担率。其次，在发展技术优化策略时，应大力发展清洁能源技术，降低新能源汽车百公里能耗。氢能和电能一样，是正在经历的第三次能源革命中的重要能源载体，因此要积极推动绿氢发展，构建清洁低碳绿色的制氢体系，大力发展可再生能源制氢技术。最后，在实施管理性策略时，应大力发展氢燃料电池汽车，率先在共享出行和公共交通等领域进行推广，不断提高新能源汽车在各个领域的占比，早日实现绿色低碳的可持续发展目标。

4.9 小结

本章构建了扩展 STIRPAT 模型探究影响城市客运交通碳排放的显著因素，运用岭回归方法分析了不同影响因素的驱动作用大小。根据扩展 STIRPAT 模型的解释变量和城市客运交通的发展特点，建立了 STIRPAT-SD 城市绿色客运交通碳排放预测模型，并将 STIRPAT-SD 模型分为四个子系统：人口子系统、经济子系统、交通子系统以及碳排放子系统。基于系统动力学的理论和方法分析了城市绿色客运交通碳排放系统的因果关系和反馈机制，然后在因果回路图的基础之上建立了每个子系统的存量流量图，为下一章进行城市绿色客运交通碳排放情景分析奠定基础。根据青岛市的历史数据对所构建的 STIRPAT-SD 模型的参数进行了标定，通过 Vensim PLE 软件对所建立的模型进行了有效性检验，并设计了包含氢燃料电池汽车在内的优化策略，分析不同发展情景对城市客运交通碳排放的影响，探究实现城市绿色客运交通的最优策略组合，并提出了相关的策略建议。

参考文献

[1] Emodi N V, Emodi C C, Murthy G P. Energy policy for low carbon development in Nigeria: A LEAP model application [J]. Renewable and Sustainable Energy Reviews, 2017, 68: 247-261.

[2] Hong S, Chung Y, Kim J. Analysis on the level of contribution to the national greenhouse gas reduction target in Korean transportation sector using LEAP model [J]. Renewable and Sustainable Energy Reviews, 2016, 60: 549-559.

[3] Nieves J A, Aristizábal A J, Dyner I. Energy demand and greenhouse gas emissions analysis in Colombia: A LEAP model application [J]. Energy, 2019, 169: 380-397.

[4] Maduekwe M, Akpan U, Isihak S. Road transport energy consumption and vehicular emissions in Lagos, Nigeria: An application of the LEAP model [J]. Transportation Research Interdisciplinary Perspectives, 2020, 6: 100172.

[5] Ding S, Xu N, Ye J. Estimating Chinese energy-related CO_2 emissions by employing a novel discrete grey prediction model [J]. Journal of Cleaner Production, 2020, 259: 120793.

[6] Hu Y C, Jiang P. An Optimized Fractional Grey Prediction Model for Carbon Dioxide Emissions Forecasting [J]. International Journal of Environmental Research and Public Health, Multidisciplinary Digital Publishing Institute, 2021, 18 (2): 587.

[7] Javed S A, Zhu B, Liu S. Forecast of biofuel production and consumption in top CO_2 emitting countries using a novel grey model [J]. Journal of Cleaner Production, 2020, 276: 123997.

[8] Ye L, Xie N, Hu A. A novel time-delay multivariate grey model for impact analysis of CO_2 emissions from China's transportation sectors [J]. Applied Mathematical Modelling, 2021, 91: 493-507.

[9] Anser M K. Impact of energy consumption and human activities on carbon emissions in Pakistan: application of STIRPAT model [J]. Environmental Science and Pollution Research, 2019, 26 (13): 13453-13463.

[10] Gani A. Fossil fuel energy and environmental performance in an extended STIRPAT model [J]. Journal of Cleaner Production, 2021, 297: 126526.

[11] Jahanger A, Usman M, Balsalobre-Lorente D. Autocracy, democracy, globalization, and environmental pollution in developing world: Fresh evidence from STIRPAT model [J]. Journal of Public Affairs, 2022, 22 (4): e2753.

[12] Su K, Lee C M. When will China achieve its carbon emission peak? A scenario analysis based on optimal control and the STIRPAT model [J]. Ecological Indicators, 2020, 112: 106138.

[13] Huang D, Han M, Jiang Y. Research on Freight Transportation Carbon Emission Reduction Based on System Dynamics [J]. Applied Sciences, Multidisciplinary Digital Publishing Institute, 2021, 11 (5): 2041.

[14] Barisa A, Rosa M. A system dynamics model for CO_2 emission mitigation policy design in road transport sector [J]. Energy Procedia, 2018, 147: 419-427.

[15] Jing D, Dai L, Hu H, et al. CO_2 emission projection for Arctic shipping: A system dynamics approach [J]. Ocean & Coastal Management, 2021, 205: 105531.

[16] Cai L, Luo J. Pathways for municipalities to achieve carbon emission peak and carbon neutrality: A study based on the LEAP model [J]. Energy, 2023, 262: 125435.

[17] Zhang H, Kong X, Ren C. Influencing factors and forecast of carbon emissions from transportation—Taking Shandong province as an example [J]. IOP Conference Series: Earth and Environmental Science, IOP Publishing, 2019, 300 (3): 032063.

[18] Chekouri S M, Chibi A, Benbouziane M. Examining the driving factors of CO_2 emissions using the STIRPAT model: the case of Algeria [J]. International Journal of Sustainable Energy, Taylor & Francis, 2020, 39 (10): 927-940.

[19] Fontoura W B, Chaves G de L D, Ribeiro G M. The Brazilian urban mobility policy: The impact in São Paulo transport system using system dynamics [J]. Transport Policy, 2019, 73: 51-61.

[20] 胡茂峰，郑义彬，李宇涵．多情景下湖北省交通运输碳排放峰值预测研究 [J]. 环境科学学报，

2022，42（04）：464-472.

[21] 黄莹，郭洪旭，廖翠萍，等．基于 LEAP 模型的城市交通低碳发展路径研究——以广州市为例[J]. 气候变化研究进展，2019，15（06）：670-683.

[22] 杨振山，杨航．基于系统动力学的城市可持续性评估模拟——以京津冀为例 [J]. 地理科学，2021，41（9）：1515-1524.

[23] Ehrlich P R，Holdren J P. Impact of Population Growth [J]. Science，New Series，1971，171（3977）：1212-1217.

[24] York R，Rosa E A，Dietz T. STIRPAT，IPAT and ImPACT：analytic tools for unpacking the driving forces of environmental impacts [J]. Ecological Economics，2003，46（3）：351-365.

[25] Adams S，Nsiah C. Reducing carbon dioxide emissions；Does renewable energy matter? [J]. Science of The Total Environment，2019，693：133288.

[26] Dong K，Hochman G，Zhang Y，et al. CO_2 emissions，economic and population growth，and renewable energy：Empirical evidence across regions [J]. Energy Economics，2018，75：180-192.

[27] Mensah C N，Long X，Boamah K B，et al. The effect of innovation on CO_2 emissions of OCED countries from 1990 to 2014 [J]. Environmental Science and Pollution Research，2018，25（29）：29678-29698.

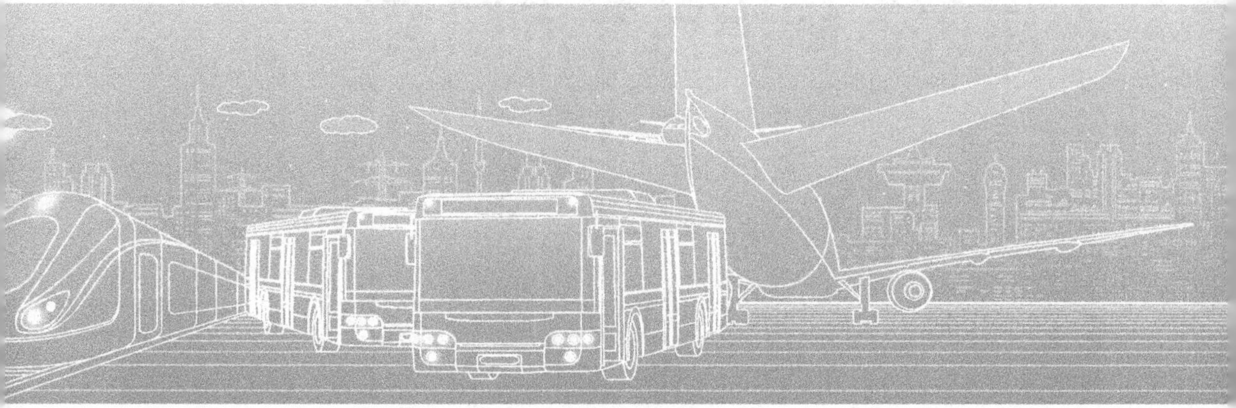

第 3 篇

城市低碳客运交通发展相关技术

第5章 考虑出行时间感知的城市居民低碳出行意向研究

5.1 引言

经济与技术的发展，在便捷了人们生活的同时，也带来了诸多问题，碳排放便是其中之一。其中，交通出行的碳排放已占据全球二氧化碳总排放量的26%[1]。为了降低碳排放，各地区采取了诸如限行、停车收费等政策。但研究表明，限行政策只能在短期内有效[2]，长期的效果则依赖于居民行为的改变。作为实际行为的前因变量，出行意向对出行行为有着极为重要的影响[3]，其对出行者低碳出行行为的培养、城市交通拥堵的缓解以及城市空气污染的改善也有着重要作用[4]。因此，深入研究城市居民低碳出行意向的内在影响因素，有助于制定相应的政策，从而有效引导人们低碳出行。

影响出行者低碳出行行为意向的因素有很多，出行者的态度是其中较为重要且对出行意向具有决定性作用的因素之一。和占琼等[5]将出行者的态度细分为环境态度与一般环境态度，通过研究发现无论是环境态度还是一般环境态度，皆对出行者的低碳出行意向有正向影响。吴文静等[6]认为居民通勤时的主观态度可分为积极、中立、消极三大类，并证实了主观态度与个体出行方式选择和低碳出行意向之间均存在相关性。由此可见，提高居民的环保态度和意识，可有效促使他们更多地采取低碳出行方式。而刘建荣等[7]则证实了这个假设，他们发现出行者的环保意识对私家车限行政策的赞同程度和纯电动汽车的购买意愿有正向影响。类似还有，刘文龙等[8] 发现低碳认知对消费者低碳购买意愿和推荐意愿有正向影响。杜建国等[9] 发现消费者的环境责任感对其绿色产品消费意向有显著正向作用。因此，可以推测意识也会影响城市居民的出行意向。此外，有研究发现环保态度和低碳意识之间亦存在着作用关系。盛光华等[10] 通过研究证实，消费者的绿色产品体验对态度有着显著影响。由此可见，环保态度和低碳意识与低碳出行意向之间存在着一定的联系。因此，探究这三者之间的作用关系有利于揭示出行者低碳出行意向的内在作用机理。同时，诸多研究表明，出行方式的感知质量属性对于出行者的环境态度[11]、低碳出行意向[12] 有重要影响。Meng 等[13] 和 Marina 等[14] 指出，在公共交通出行中，出行时间感知会影响乘客的满意度，而出行者的社会经济属性和出行特征以及站点周围的环境会影响出行者的出行时间感知。此外，其他因素如主观规范[15]、知觉行为控制[16] 亦会影响居民的出行决策。

综上，已有研究多是分析潜变量对出行意向的直接作用关系，而针对潜变量之间作用关系的研究较为鲜见，关于出行时间感知在出行决策中的作用尚无专题研究。因此，本章基于计划行为理论（Theory of Planned Behavior，TPB），通过引入低碳意识、出行时间感知对其扩展，并考虑政策因素的影响，以深入挖掘各变量之间的作用关系，并探究潜变量对低碳出行意向的影响机理。

5.2 计划行为理论扩展模型

5.2.1 模型构建与研究假设

计划行为理论现已被广泛应用于社会学和心理学等领域的行为研究，其核心思想是行为意向会直接决策实际行为，而态度、主观规范和感知行为控制共同影响行为意向。本研究在计划行为理论的基础上，考虑低碳意识和出行时间感知对态度的影响，对个体态度进行深入分析。同时，引入政策因素作为潜在变量，探究外部情景因素对出行意向的影响，完善计划行为理论的框架。各潜变量之间的关系框架如图 5.1 所示。

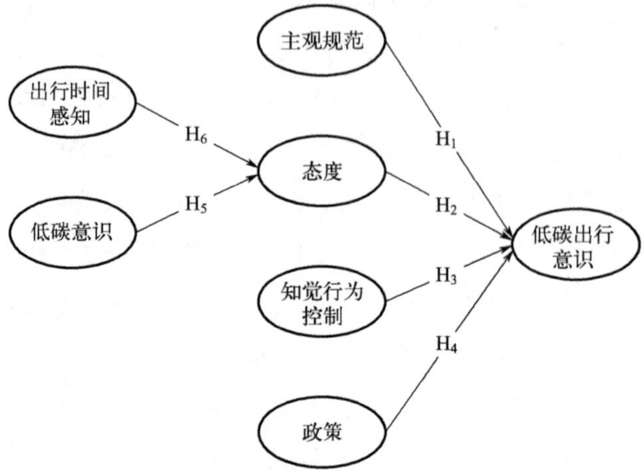

图 5.1 各潜变量之间的关系框架

根据前文所述可知，居民的态度会影响其低碳出行意向。研究表明，主观规范[17] 和知觉行为控制[4] 是影响个体出行选择的主要因素。根据 TPB 理论以及相关研究，本节提出以下假设。

H_1：主观规范会正向影响出行者的低碳出行意向。

H_2：出行者对低碳出行行为的积极态度会正向影响其低碳出行意向。

H_3：知觉行为控制会正向影响出行者的低碳出行意向。

此外，政府政策对出行者的出行行为也有着重要影响[18]。何耀等[19] 亦发现以政策因素为主的制度技术情景因素会正向影响人们的低碳出行行为。因此，本节提出以下假设。

H_4：政策因素会正向影响出行者的低碳出行意向。

低碳意识是一种观念，包含人们的情感、意志等与意识有关的因素。虽然，关于低碳意识的测量尚无统一标准，但众多学者认为低碳意识对于人们进行低碳行为有重要影响。Liu 等[20] 利用 TPB 和 VBN 模型的框架，发现低碳意识对使用低碳交通方式的意图有间接影响。同时，根据前文所述，出行时间感知对居民的低碳出行意向亦有影响。因此，本节提出以下假设。

H_5：低碳意识会通过影响出行者态度间接影响其低碳出行意向。

H_6：出行时间感知会通过影响出行者态度间接影响其低碳出行意向。

5.2.2 结构方程模型

结构方程模型（Structural Equation Modelling，SEM）包括测量模型与结

构模型两个部分。其中，测量模型由观测变量和潜在变量组成，揭示观测变量与潜在变量之间的关系；结构模型则是对潜在变量之间因果关系的说明。各个变量的计算公式如下。

$$Y=\eta a_y+\varepsilon \tag{5.1}$$

$$X=\xi\beta_x+\delta \tag{5.2}$$

$$\eta=B\eta+\Gamma\xi+\zeta \tag{5.3}$$

式中，X、Y 分别为外生、内生潜变量的测量变量；ξ、η 分别为外生、内生潜变量；a_y 为 Y 在 η 上的因子荷载；β_x 为 X 在 ξ 上的因子荷载；δ、ε 分别为 X、Y 的误差项；B 为内生潜变量之间的系数矩阵；Γ 为外生潜变量与内生潜变量之间的系数矩阵；ζ 为结构方程的残差。

5.3 研究数据获取与质量评估

5.3.1 问卷设计

本问卷主要由两个部分组成，第一部分为出行者的社会经济属性调查，第二部分则是出行者的出行意向与相关心理感知因素调查。在本节中，低碳出行方式主要包括公共交通（公交车、地铁）、慢行交通（步行、自行车）以及电动私家车。在第一部分中，出行者的社会经济属性包含性别、年龄、学历、职业、月收入以及私家车保有量 6 个影响因素；第二部分则由态度、主观规范、知觉行为控制、低碳意识、出行时间感知和政策 6 个影响因素以及低碳出行意向所构成，所有影响因素与出行意向均采用李克特 5 分量表进行测量。问卷完成设计后，进行了小范围的预调查，根据受访者的反馈和专家意见，对题项进行了优化，并删除了部分相似问题，将每份问卷的完成时间控制在 5min 以内。最终变量描述如表 5.1 所示。

表 5.1 最终变量描述

假设	编码	题项	编码
低碳意识	LCA	温室气体能吸收地表长波辐射，使大气变暖	LCA1
		每消耗 1kW·h 电可以产生约 1kg 二氧化碳	LCA2
		我愿意从小事做起，为构建低碳社会做贡献	LCA3
		我有义务去节约能源、降低碳排放	LCA4

续表

假设	编码	题项	编码
态度	ATT	您喜欢采用低碳出行	ATT1
		您觉得采用低碳出行很有益	ATT2
		您觉得采用低碳出行是一件很愉悦的事	ATT3
		您认为低碳出行是一种积极的生活方式,应大力提倡	ATT4
主观规范	SN	您朋友经常选择低碳出行	SN1
		您朋友都支持和建议您选择低碳出行	SN2
		您会因为亲朋好友的选择而选择低碳出行	SN3
		您会因政府提倡低碳出行而选择低碳出行	SN4
知觉行为控制	PBC	低碳出行完全可以满足您日常出行的需要	PBC1
		选择低碳出行对您来说是件很容易的事情	PBC2
		未来一年,您确信您将优先选择低碳出行方式	PBC3
出行时间感知	TTP	您认为选择公共交通或自行车出行,不是很耗费时间	TTP1
		您感觉等待公交、地铁的时间比您预计的时间要短	TTP2
		您感觉乘坐公交、地铁的时间比您预计的时间要短	TTP3
政策因素	PF	公交补贴与地铁的票价优惠政策会促使您选择公共交通出行	PF1
		如果停车费与油价上涨,您会更多选择低碳出行	PF2
低碳出行意向	BI	您愿意在日常生活中选择低碳出行	BI1
		您愿意主动向他人说明低碳出行的重要性	BI2
		您会鼓励家人和朋友选择低碳出行方式	BI3

5.3.2 问卷调查

本节通过网络调查获取样本数据，共获得 331 份样本数据，剔除答题时间太短以及明显矛盾的无效样本，最终剩余 279 份有效样本，比例为 84.3%。有效样本比例较高，可以进行数据分析。样本分布情况如图 5.2 所示。在本次调查中，男性占比 49%，女性占比 51%，男女比例接近 1∶1，较为均衡；从年龄分布来看，18 岁以下以及 60 岁以上的人数占比相对较少，18～25 岁占比最高，达到 32%，其他年龄区间人数占比较为均衡；从学历来看，本科及以上比例较高，占比 64%；从月收入来看，近半数在 5000 元以上；从私家车保有量来看，仅有一辆小汽车的比例较高，占 53%。

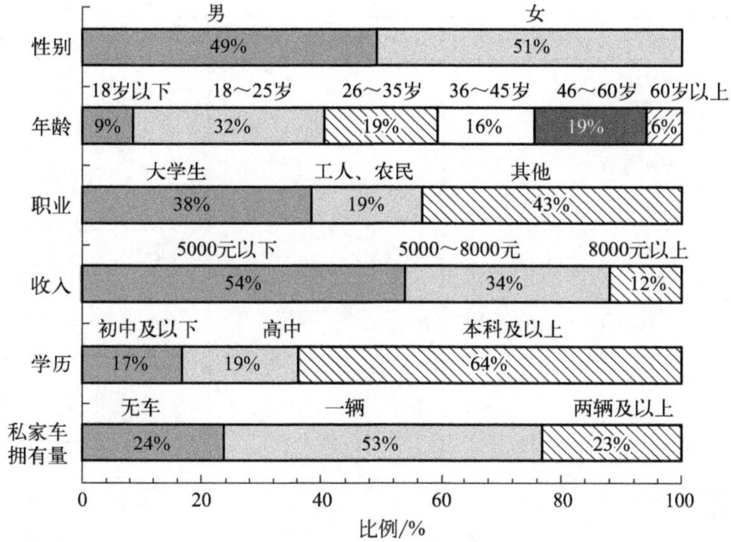

图 5.2　样本分布情况

5.3.3　数据质量评估

为了确保调查数据的可靠性，采用 SPSS26.0 对所收集的数据进行信度和效度检验，问卷数据质量评估情况见表 5.2。由表 5.2 可知，KMO 检验的系数结果为 0.95，远大于 0.7，且 Bartlett 球形检验显著性<0.001，说明数据适合进行因子分析；各变量的 Cronbach's α 值均大于 0.7，说明各题项间的一致性较好。CR 值均在 0.6 以上，说明模型内在质量理想，AVE 值都大于等于 0.36，在可接受范围内[11]，表示各指标变量对潜在变量具有一定的解释能力。

表 5.2　问卷数据质量评估情况

T 潜在变量	题项	KMO 检验	Bartlett 球形检验	Cronbach's α	AVE	CR
低碳意识	LCA1	0.95	<0.001	0.809	0.48	0.75
	LCA2					
	LCA3					
	LCA4					
态度	ATT1			918	0.7	0.9
	ATT2					
	ATT3					
	ATT4					

续表

<table>
<tr><th>T 潜在变量</th><th>题项</th><th>KMO 检验</th><th>Bartlett 球形检验</th><th>Cronbach's α</th><th>AVE</th><th>CR</th></tr>
<tr><td rowspan="4">主观规范</td><td>SN1</td><td rowspan="15">0.95</td><td rowspan="15"><0.001</td><td rowspan="4">0.904</td><td rowspan="4">0.67</td><td rowspan="4">0.86</td></tr>
<tr><td>SN2</td></tr>
<tr><td>SN3</td></tr>
<tr><td>SN4</td></tr>
<tr><td rowspan="3">知觉行为控制</td><td>PBC1</td><td rowspan="3">0.912</td><td rowspan="3">0.7</td><td rowspan="3">0.88</td></tr>
<tr><td>PBC2</td></tr>
<tr><td>PBC3</td></tr>
<tr><td rowspan="2">政策因素</td><td>PF1</td><td rowspan="2">0.819</td><td rowspan="2">0.68</td><td rowspan="2">0.81</td></tr>
<tr><td>PF2</td></tr>
<tr><td rowspan="3">出行时间感知</td><td>TTP1</td><td rowspan="3">0.875</td><td rowspan="3">0.36</td><td rowspan="3">0.63</td></tr>
<tr><td>TTP2</td></tr>
<tr><td>TTP3</td></tr>
<tr><td rowspan="3">低碳出行意向</td><td>BI1</td><td rowspan="3">0.902</td><td rowspan="3">0.84</td><td rowspan="3">0.94</td></tr>
<tr><td>BI2</td></tr>
<tr><td>BI3</td></tr>
</table>

5.4 出行者心理特性分析

根据调查问卷数据，对个人特征与态度、主观规范、低碳意识、知觉行为控制、出行时间感知以及低碳出行意向进行交叉分析，并通过雷达图进行分组对比。如图 5.3 所示为不同出行者群体的平均反应分布。

图 5.3(a) 显示了男性和女性的心理特性分布情况，男性和女性之间的认知差异主要在态度和知觉行为控制方面，在政府政策和出行时间感知方面差异较小。从图 5.3(b) 可以看出，高中学历和本科及以上学历受访者之间的心理特性差异并不明显，相较初中及以下学历受访者，高中以上学历受访者有着更高的低碳意识和低碳出行意向，对低碳出行的态度也更好。图 5.3(c) 显示了不同私家车拥有量的受访者的心理特性差异，相比拥有两辆及以上私家车的受访者，没有私家车以及仅有一辆私家车的受访者对低碳出行的态度和意向更好，也更容易受到政策和社会的影响。另外，没有私家车的受访者采用低碳出行方式所感受到的困难较小。图 5.3(d) 显示了不同工资水平的受访者的感知差异，相比月收入

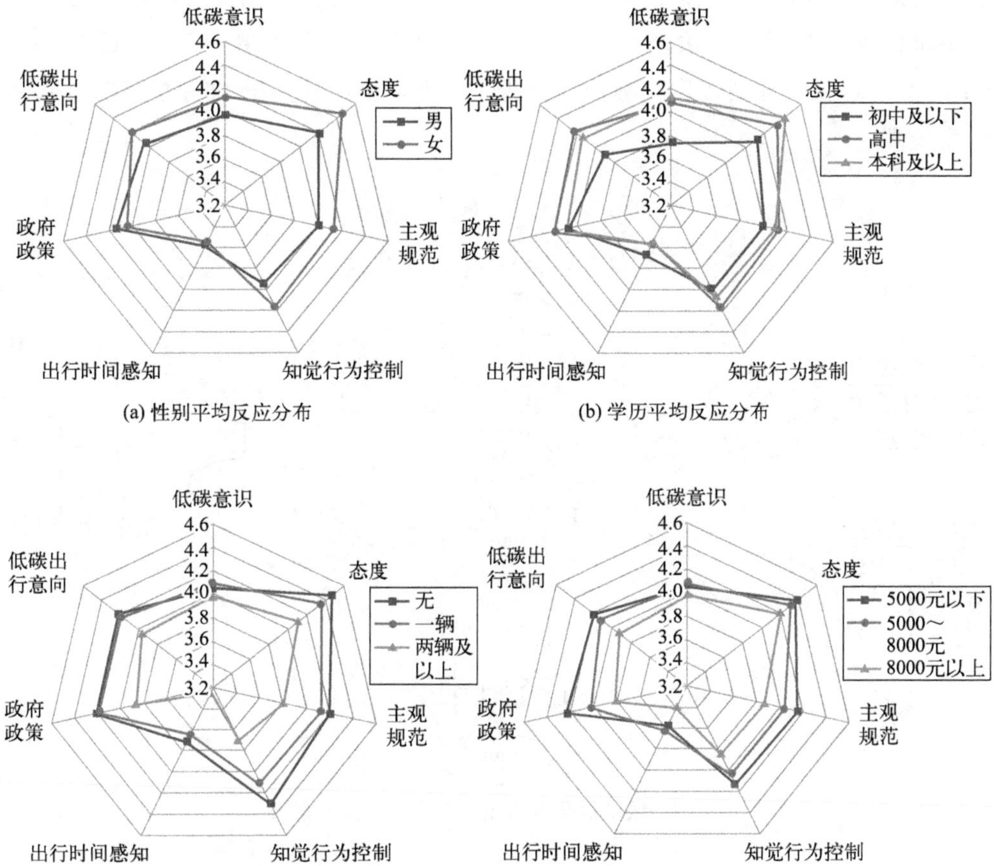

(a) 性别平均反应分布　(b) 学历平均反应分布

(c) 私家车拥有量平均反应分布　(d) 收入平均反应分布

图 5.3　不同出行者群体的平均反应分布（彩图）

8000 元以上的受访者，月收入在 5000 元以下和月收入在 5000～8000 元的受访者对低碳出行的态度和意向更好，且采用低碳出行方式所感受到的困难较小。此外，月收入在 5000 元以下的受访者更容易受到政策和社会的影响。

5.5　模型检验与分析

5.5.1　模型检验

根据前文假设以及 TPB 理论，本节构建了城市居民低碳出行意向结构方程模型，如图 5.4 所示。采用 AMOS26.0 软件对模型进行了估计分析，适配度检验结果如表 5.3 所示。从表 5.3 中可以看出，拟合指标 CMIN/DF、RMSEA、GFI、CFI 以及其他适配度指标均符合适配标准，表明构建的结构方程模型拟合精度较高。

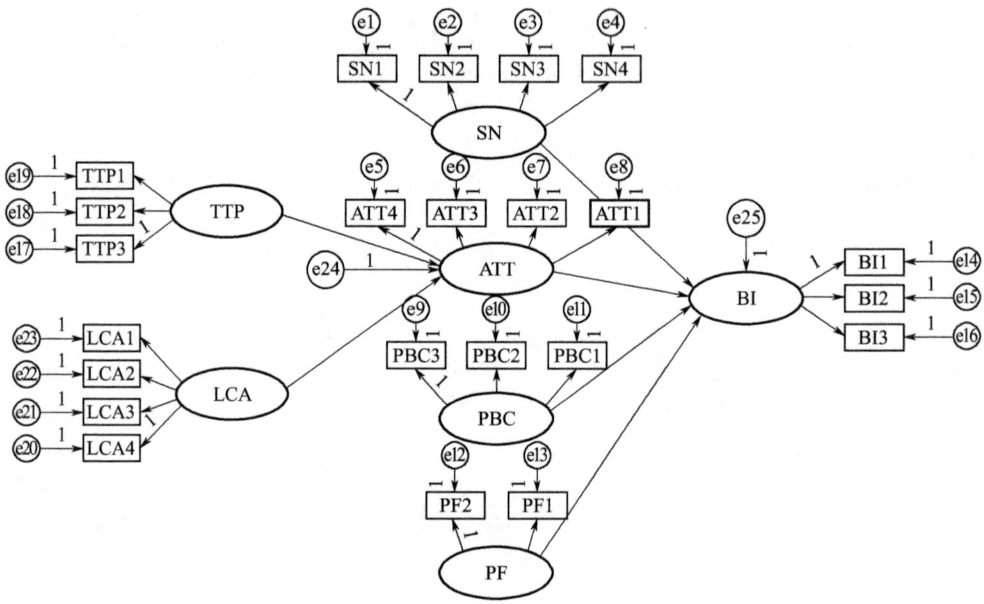

图 5.4　城市居民低碳出行意向结构方程模型

表 5.3　适配度检验结果

评价指标	适配标准	检测值
CMIN/DF	1～5	1.82
GFI	>0.9	0.902
RMR	<0.05	0.036
RMSEA	<0.08	0.075
NFI	>0.9	0.926
RFI	>0.9	0.909
IFI	>0.9	0.965
TLI	>0.9	0.957
CFI	>0.9	0.965
PGFI	>0.5	0.673
PNFI	>0.5	0.758

5.5.2 模型结果分析

城市居民低碳出行意向模型的结构路径如图 5.5 所示，低碳出行意向的影响效应见表 5.4。

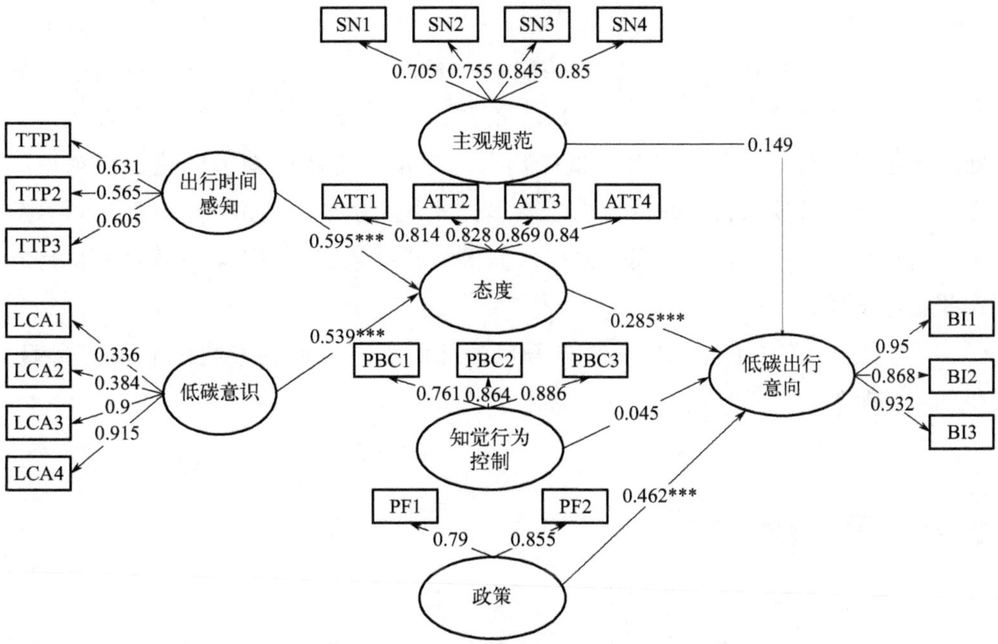

图 5.5 城市居民低碳出行意向模型的结构路径

*** 表示 p 值小于 0.001

表 5.4 低碳出行意向的影响效应

影响效应	SN	ATT	PF	LCA	TTP	PBC
直接效应	0.149	0.285	0.462	—	—	0.045
间接效应	—	—	—	0.154	0.17	—
总效应	0.149	0.285	0.462	0.154	0.17	0.045

根据图 5.5 和表 5.4 可以得出以下结论。

① 各潜在变量对城市居民低碳出行意向影响的总效应值由大到小依次排序为政策因素、态度、出行时间感知、低碳意识。

② 态度（路径系数 $\beta=0.285$，假设显著性的系数 $p<0.001$）以及政策（$\beta=0.462$，$p<0.001$）对居民低碳出行意向有显著的正向影响，故 H_2 和 H_4 成立。但相较以往的文献研究，本研究中政策因素对居民低碳出行意向的影响较

大。考虑到问卷发放时间为2022年4月～2022年5月，而在这期间，由于世界局势影响导致国内油价剧增，因此，对比过去，居民对于油价、出行成本的关注度和敏感度可能较高，故此出行者的出行意向可能更容易受到这方面政策的影响。而态度是除了政策因素外对居民低碳出行意向影响最大的解释变量。也就是说，居民对低碳出行方式的态度越积极，其选择低碳出行的意向就越强。

③ 态度是中介变量，低碳意识（$\beta=0.539$，$p<0.001$）与出行时间感知（$\beta=0.595$，$p<0.001$）对态度有显著的正向影响，表明两者可通过影响态度从而影响居民的低碳出行意向，故 H_5、H_6 成立。具体来说，居民的低碳认知和低碳责任意识会正向影响居民对低碳出行的态度。低碳认知和低碳责任意识越强，居民选择低碳出行方式的意向就越强。此外，本节中的出行时间感知可以解释为出行时间敏感度，即居民对出行时间的敏感度越弱，那么其选择低碳出行方式的意向越强。

④ 主观规范与知觉行为控制对居民的低碳出行意向的影响不显著，故 H_1 和 H_3 不成立。

5.6 建议措施

根据上述分析结果，为提高居民低碳出行意向，提出以下建议。

① 政策因素是对居民低碳出行意向影响最大的因素。为了降低城市居民对私家车出行的依赖性，大力发展低碳交通，需要制定和实施与低碳出行相关的政策和措施。一方面，可通过制定和实施更合理的交通需求管理政策，提高私家车出行的成本。另一方面，可通过加大公交和地铁的补贴力度，制定和实施居民出行的个人碳积分政策，鼓励居民转向低碳交通，降低对私家车的依赖。

② 当居民对低碳出行有着更为积极的态度时，其选择低碳出行方式的可能性更大。因此，大力培养居民的低碳意识，强化居民对低碳出行的积极态度，是提升城市居民低碳出行意向的必要手段。有研究表明，居民对“低碳出行”等正面观念的接受刺激并不强烈。因此，可通过媒体、网络等传播方式，宣传交通拥堵、环境污染、能源消耗等问题日益严峻及其严重后果，提高居民的低碳关注度和低碳责任意识。同时，可通过短视频等方式科普具体的低碳出行概念和知识，培养居民的低碳出行习惯。

③ 出行者对出行时间的感知敏感度会影响其低碳出行意向。因此，可通过

完善公共交通系统及配套设施的建设，提供更加便捷的低碳出行服务。同时，加强对出行即服务系统（MaaS）的建设，实现公交和地铁的无缝接驳并降低居民出行中转换乘的频次，降低乘客对出行时间的关注度和敏感度。此外，尽快完善智能交通系统，提供实时而准确的公共交通信息及换乘信息，可以提高居民的出行满意度。

5.7 小结

为揭示城市居民低碳出行意向的影响机理，通过对城市居民低碳出行意向开展调查，基于计划行为理论并以居民态度为重点展开研究。研究表明，政策因素（$\beta=0.462$，$p<0.001$）和态度（$\beta=0.285$，$p<0.001$）对居民的低碳出行意向有显著正向影响。虽然政策因素的重要性可能由于油价迅速上涨的影响而被高估，但如今全球能源消耗日益严峻，而作为不可再生的能源，石油的价格在未来全面上涨并非不可能，因此相关政策的影响仍需要重点关注。低碳意识（$\beta=0.539$，$p<0.001$）与出行时间感知（$\beta=0.595$，$p<0.001$）对态度有显著正向影响，而态度具有中介效应，可以传递其他心理感知因素对出行意向的影响。因此低碳意识和出行时间感知可以通过态度从而间接影响居民的低碳出行意向。本章验证了出行时间感知以及低碳意识对于居民低碳出行态度的影响，但受限于样本量，并未对其他自变量之间的作用关系进行深入探究。

参考文献

[1] International Energy Agency (IEA). Statistics: CO_2 emission from fuel combustion [R]. International Energy Agency, 2020.

[2] Liu Z, Li R. Will the vehicle restriction policy maintain a long-term deterrent effect? [J]. IET Intelligent Transport Systems, 2020, 14 (6): 562-569.

[3] Yang Y L, Guo Y Y, Luo S Q. Consumers' intention and cognition for low-carbon behavior: A case study of Hangzhou in China [J]. Energies, 2020, 13: 1830.

[4] Hu X, Wu N, Chen N. Young people's behavioral intentions towards low-carbon travel: extending the theory of planned behavior [J]. International Journal of Environmental Research and Public Health, 2021, 18 (5): 2327.

[5] 和占琼，姜玉婷，何明卫．城市通勤者低碳出行选择研究——基于 TPB 与 VBN 整合模型 [J]. 干旱

区资源与环境，2019，33（04）：8995.

[6] 吴文静，孙刃超，宗芳．居民低碳通勤出行的主观态度识别及影响分析［J］．重庆交通大学学报（自然科学版），2021，40（05）：53-58.

[7] 刘建荣，郝小妮．考虑环保意识的低碳出行行为研究［J］．交通运输系统工程与信息，2019，19（01）：26-32.

[8] 刘文龙，吉蓉蓉．低碳意识和低碳生活方式对低碳消费意愿的影响［J］．生态经济，2019，35（08）：40-45，103.

[9] 杜建国，段声丽．环境责任感对消费者绿色购买行为的影响——绿色自我效能感和绿色感知价值的链式多重中介效应［J］．南京工业大学学报（社会科学版），2022，21（03）：48-60，115-116.

[10] 盛光华，夏晴，冯卓航．绿色产品体验对消费者绿色购买意愿的影响研究［J］．东北大学学报（社会科学版），2022，24（04）：26-34.

[11] 和占琼，王婷．出行习惯和感知质量对低碳通勤出行行为的影响研究［J］．生态经济，2020，36（07）：105-112.

[12] 原雅丽，杨小宝，李虹慧．突发事件下城市群内旅客城际出行方式选择行为［J］．清华大学学报（自然科学版），2022，62（07）：1142-1150.

[13] Meng M，Rau A，Mahardhika H. Public transport travel time perception：Effects of socioeconomic characteristics，trip characteristics and facility usage［J］. Transportation Research Part A，2018，114.

[14] Marina L，Andrew G，Fan Y，et al. Transit Stop Environments and Waiting Time Perception：Impacts of Trees，Traffic Exposure，and Polluted Air［J］. Transportation Research Record，2016，2543（1）：82-90.

[15] 胡松，翁剑成，林鹏飞．重大疫情对乘客公共交通依赖性的影响［J］．交通信息与安全，2021，39（03）：17-24.

[16] 贺慧，李文鼎，余艳薇．考虑街区空间环境的居民低碳出行行为意向研究［J］．现代城市研究，2021（02）：121-125.

[17] Armitage S，Rodwell D. Applying an extended theory of planned behavior to understand influences on safe driving intentions and behaviors［J］. Transportation Research Part F：Traffic Psychology and Behavior，2022，90：347-364.

[18] Adam L，Jones T. Planning for cycling in the dispersed city：establishing a hierarchy of effectiveness of municipal cycling policies［J］. Transportation，2018，47（2）：503-527.

[19] 何耀，方晓平，杨扬．公众低碳出行行为决策模型的研究［J］．铁道科学与工程学报，2017，14（05）：1077-1085.

[20] Liu D，Du H，Ma S. The Influence of Social-Psychological Factors on the Intention to Choose Low-Carbon Travel Modes in Tianjin，China.［J］. Transportation Research Part A：Policy and Practice，2017，105（15）：42-53.

第6章 智能网联下汽车生态驾驶策略研究

6.1 引言

步入21世纪以来，我国机动车保有量大幅上升，居民出行需求急剧增长，交通运输行业燃油消耗量和温室气体排放量快速增加。相较于传统的改善交通管理方式、研发新能源汽车和信号配时优化[1]等方法，生态驾驶可以在不改变车辆结构的前提下，通过车辆速度引导[2,3]来避免车辆产生的急加减速现象而实现车辆的节能减排。

目前，交叉口生态驾驶策略研究集中于通过V2I通信技术获取道路环境与车辆信息[4~7]，为车辆提供最优驾驶轨迹，达到减少燃油消耗的效果。Barth等[8]为引导车辆以高效率、低能耗车速通过交叉口设计了加速度可变的三角函数速度曲线模型；靳秋思等[9]基于机动车比功率提出了一种减少车辆不必要加减速次数的生态轨迹优化算法；Hao等[10]提出一种自适应信号配时的生态驾驶系统，根据信号灯时序优化车辆速度轨迹，引导车辆通过交叉口。针对单车的生态驾驶轨迹优化研究，容易忽略其他车辆对目标车辆的干扰，有必要在生态驾驶策略中考虑干扰车辆与信号相位等影响因素，进一步完善交叉口场景。

交通流量较大的交叉口容易出现车辆排队现象，因此车速控制必须要考虑前方车辆排队问题。黄意然等[11]基于构建的车辆排队场景提出了“单次踏板”的交叉口生态驾驶轨迹优化模型。杨祥宇[12]针对非饱和交叉口，提出一种基于排队长度预测的交叉口上游生态驾驶算法，并通过三角函数速度曲线对交叉口上下游控制路段进行优化。上述研究是通过构建交叉口场景，根据已有信息为目标车辆提供不同生态驾驶行为，但在生态驾驶策略设计过程中没有考虑交叉口处车辆二次排队现象，忽略了车辆在进入场景时初速度不同的情况，对于人工驾驶车辆，车辆起步时驾驶员反应时间对车辆之间的影响也应加以考虑。

综上所述，本章考虑驾驶员反应时间对车辆之间的影响，对 IDM 跟驰模型进行改进，并提出一种考虑二次排队现象的智能网联车生态驾驶策略。该策略将交叉口处车辆排队现象根据智能网联车进入场景的初始速度与排队车辆消散时间进行分类，基于策略判断结果选择不同的车辆驾驶轨迹，降低车辆能耗和污染物排放。

6.2 交叉口场景构建

本章构建的交叉口场景如图 6.1 所示，若干辆普通车组成的车队排队在交叉口上游车速引导区，车队尾车后方有一辆智能网联车辆（白车）驶向交叉口。当交叉口信号灯变为绿灯时，排队车辆（灰车）开始移动。轨迹优化的目标车辆为智能网联车，车速引导范围为交叉口上游车速引导区与下游车速恢复区。交叉口场景设置为：

① 研究场景为单一交叉口，路网车道为双向两车道，不支持车辆换道行为；

② 不考虑道路环境中行人、非机动车的影响；

③ 轨迹优化的目标车辆为人工驾驶智能网联车辆，车速引导范围为交叉口上游车速引导区与下游车速恢复区，排队车辆为人工驾驶车辆且不具备网联功能，所有车辆均为燃油车；

④ 交叉口智能设施可以通过 V2I 技术获取交叉口信号配时，通过计算将优化结果传递给目标车辆，使目标车辆按照引导速度行驶。

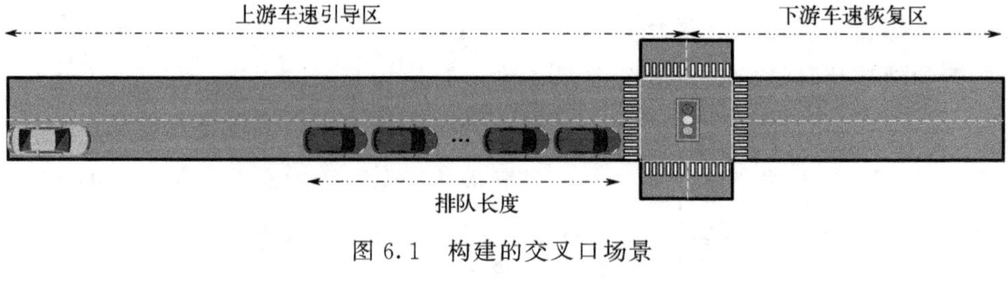

图 6.1　构建的交叉口场景

6.3 生态驾驶策略构建

6.3.1 排队车辆跟驰模型

IDM（Integrated Drive Model）模型[13] 反映了不同场景下车辆的期望车头时距，该模型能够在跟驰过程中平稳地改变车辆加速度大小，具有较强的稳定性。为更加贴近实际情况，本章考虑驾驶员反应时间对驾驶行为的影响，对传统IDM跟驰模型进行改进，改进后的公式如下。

$$a=a_{\max}\left[1-\left(\frac{v_0}{v}\right)^4-\left(\frac{s^*(v_0,\Delta v)}{s}\right)^2\right] \tag{6.1}$$

$$s^*(v_0,\Delta v)=s_0+\max\left(0,v_0\tau+v_0T+\frac{v_0\Delta v}{2\sqrt{a_{\max}b}}\right) \tag{6.2}$$

$$s=h-l \tag{6.3}$$

式中，a 为车辆加速度；$a_{\max}$ 为自车的最大加速度，m/s^2；v_0 为自车当前车速，m/s；v 为自车的期望车速，m/s；Δv 为自车与前车的速度差，m/s；s 为当前自车与前车的车距，m；s^*（v_0，Δv）为期望跟车距离，m；s_0 为最小车距，m；τ 为驾驶员反应时间，s；T 为安全车头时距，s；b 为舒适减速度，m/s^2；h 为车头间距，m；l 为车身长，m。

排队车辆在起步过程中，后车驾驶员从发现前车移动到启动车辆需要一定的反应时间，排队车辆的消散时间为

$$t_x^i=\sum_1^n\tau+t_1 \tag{6.4}$$

$$\int_0^{t_1}\int_0^{t_1}a\,\mathrm{d}t+l=x \tag{6.5}$$

式中，t_x^i 为排队车辆消散时间，s；i 为第 i 次排队；n 为排队车辆数量，辆；t_1 为车队尾车起步到离开停止线时间，s；x 为排队车辆长度，m。

6.3.2 目标车辆车速诱导生态驾驶策略

目标车辆进入交叉口上游车速引导区域后，上传车辆的位置和速度信息，

交叉口智能设施获取当前的信号配时、车辆排队长度等信息选择生态驾驶策略，生态驾驶策略会分类为前方车辆在绿灯间隔清空和前方车辆二次排队两个子问题进行解决，智能设施会根据计算结果要求目标车辆加速、减速或停车，直至通过交叉口，在交叉口下游速度恢复区的某一位置目标车辆会将车速恢复到初始车速。

(1) 前方车辆在绿灯间隔清空

当目标车辆以初始速度 v_c 驶入交叉口引导区时，此时目标车辆距离交叉口的距离为 d，车辆匀速通过交叉口的时间为 d/v_c。若排队车辆可以在绿灯结束前消散，即 $t_x^i < t_g$，此时存在绿灯间隔使得目标车辆在第一个信号周期跟随前方排队车辆行驶通过交叉口。为保证燃油经济性，目标车辆驾驶方式优先级由高至低为：匀速、减速、加速。目标车辆通过交叉口示意如图 6.2 所示。

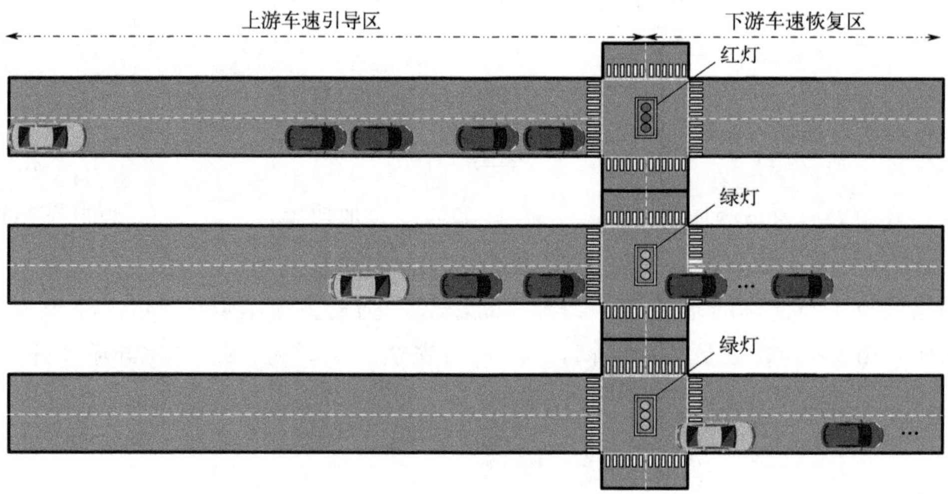

图 6.2　目标车辆通过交叉口示意

① 目标车辆匀速通过。绿灯剩余时间内目标车辆可以保持初速度 v_c 匀速通过，该工况判别式为

$$t_x^i + t_j < \frac{d}{v_c} + h \leqslant t_g + t_j \tag{6.6}$$

式中，t_g 为绿灯间隔时间，s；t_j 为剩余红灯时间，s。

此时车辆在交叉口上游和下游区域都按照初速度行驶，燃油经济性最高。

② 目标车辆减速后匀速通过。目标车辆保持初速度 v_c 匀速行驶会与前方排队车辆发生交通冲突，则目标车辆需要减速至理想车速 v_d 行驶，取值范围为

$v_d \in [v_{\min}, v_c]$，此时目标车辆工况判别式为

$$\frac{d}{v_c} < t_x^i + t_j + h < \frac{d - \dfrac{v_{\min}^2 - v_c^2}{2a_{\min}}}{v_{\min}} + \frac{v_{\min} - v_c}{a_{\min}} \leqslant t_g + t_j \tag{6.7}$$

$$\text{s. t.}$$

$$t_x^i - h = t_d + t_u$$

$$0 < t_d + h \leqslant t_x^i$$

$$v_d = v_c + a_d t_a \geqslant v_{\min}$$

$$|a_d| \leqslant |a_{\min}|$$

$$v_c t_d + \frac{1}{2} a_d t_d^2 + (v_c + a_d t_d) t_u = d \tag{6.8}$$

式中，v_d 为目标车辆减速达到的理想车速，m/s；a_d 为目标车辆初始阶段减速度，m/s^2；t_d 为目标车辆减速时间，s；$v_{\min}$ 为路段允许的最小速度，m/s。

③ 目标车辆加速通过。目标车辆需要加速至理想车速 v_a 才能跟随前车在绿灯结束前通过，取值范围为 $v_a \in [v_c, v_{\max}]$，此时目标车辆工况判别式为

$$t_x^i + t_j + h < \frac{d - \dfrac{v_{\max}^2 - v_c^2}{2a_{\max}}}{v_{\max}} + \frac{v_{\max} - v_c}{a_{\max}} \leqslant t_g + t_j < \frac{d}{v_c} \tag{6.9}$$

$$\text{s. t.}$$

$$0 < t_a + h \leqslant t_x^i$$

$$t_x^i - h = t_a + t_u$$

$$v_a = v_c + a_a t_a \leqslant v_{\max}$$

$$a_a \leqslant a_{\max}$$

$$v_c t_a + \frac{1}{2} a_a t_a^2 + (v_c + a_a t_a) t_u = d \tag{6.10}$$

式中，a_a 为目标车辆初始阶段加速度，m/s^2；$a_{\max}$ 为路段允许的最大速度，m/s；t_a 为目标车辆加速时间，s；t_u 为目标车辆匀速行驶时间，s。

为了使车辆能够顺利地不停车驶过交叉口，车辆在进入交叉口上游车速引导区时就需要适当地加速或减速。采用 Matthew Barth 教授提出的三角函数速度曲

线模型。

$$v_{opt}(t)=\begin{cases} v_g-v_x\cos(\mu t) & 0<t<\dfrac{\pi}{2\mu} \\ v_g-v_x\dfrac{\mu}{\rho}\cos\rho\left(t-\dfrac{\pi}{2\rho}+\dfrac{\pi}{2\mu}\right) & \dfrac{\pi}{2\mu}<t<\left(\dfrac{\pi}{2\rho}+\dfrac{\pi}{2\mu}\right) \\ v_g+v_x\dfrac{\mu}{\rho} & \left(\dfrac{\pi}{2\rho}+\dfrac{\pi}{2\mu}\right)<t<\dfrac{d}{v_g} \end{cases} \tag{6.11}$$

$$v_g=\begin{cases} v_h & v_c>v_h \\ v_c & v_l<v_c<v_h \\ v_l & v_c<v_l \end{cases} \tag{6.12}$$

式中，v_g 为目标平均速度，m/s；v_x 为目标平均速度 v_g 与当前车速 v_c 之差，m/s；v_h、v_l 分别为绿灯剩余时间车辆通过速度上下限，m/s；t 为车辆运动过程的时刻；μ 和 ρ 分别为求解参数。

为使目标车辆不影响交叉口处的通行效率，规定车辆消散后，目标车辆会紧跟前方车队通过，车速曲线需要满足如下约束条件。

$$\begin{cases} \displaystyle\int_0^{\frac{\pi}{2\mu}}[v_g-v_x\cos(\mu t)]\,dt+\int_{\frac{\pi}{2\mu}}^{\left(\frac{\pi}{2\rho}+\frac{\pi}{2\mu}\right)}\left[v_g-v_x\frac{\mu}{\rho}\cos\rho\left(t-\frac{\pi}{2\rho}+\frac{\pi}{2\mu}\right)\right]dt \\ \qquad\qquad +\left(v_g+v_x\dfrac{\mu}{\rho}\right)\left(\dfrac{d}{v_g}-\dfrac{\pi}{2\rho}-\dfrac{\pi}{2\mu}\right)=d \\ |j|=|v_x\rho\mu|\leqslant 10 \\ \mu=\max\{\mu\} \end{cases} \tag{6.13}$$

为了保证车辆在运动过程中的安全性，目标车辆行驶距离不大于车队尾车行驶距离与目标车辆到尾车的最大间距之和，目标车辆与排队车辆的尾车应符合如下条件：

$$\begin{cases} \displaystyle\int_0^t v\,dt\leqslant\int_0^t\int_0^t a\,dt+h+d-x \\ t\leqslant t_1 \end{cases} \tag{6.14}$$

式中，x 为排队车辆长度，m；d 为目标车辆距离交叉口停止线的距离，m；h 为车头间距，m；t_1 为车队尾车起步到离开停止线的时间，s。

若目标车辆行驶轨迹不符合该约束条件，则牺牲交叉口处车辆通行效率，通过延长车辆通过时间来改变车辆运动轨迹，目标车辆不会跟随前方车队通过交叉口；但在实际过程中，由于驾驶员反应时间的不同，排队车辆消散时间会有轻微波动，目标车辆在按照优化轨迹行驶的过程中，可能出现与排队末尾车辆的车距小于最小安全车距的问题，此时目标车辆将会切换为 IDM 模型，跟驰前方车队行驶。

(2) 前方车辆二次排队

若排队车辆在第一个绿灯间隔无法完全消散，交叉口处产生二次排队现象，则目标车辆减速行驶，交叉口处车辆排队消散时间重新估算，该工况分为两种情况。

① 目标车辆减速后匀速通过。此时判断车辆保持低速行驶便能够通过交叉口，则该工况判别式为

$$\frac{d}{v_{c}}<t_{g}+t_{r}+t_{j}+t_{x}^{i+1}+h<\frac{d-\dfrac{v_{\min}^{2}-v_{c}^{2}}{2a_{\min}}}{v_{\min}}+\frac{v_{\min}-v_{c}}{a_{\min}}\leqslant 2t_{g}+t_{r}+t_{j} \quad (6.15)$$

式中，t_r 为红灯间隔时间，s；约束条件与式（6.8）相同。

② 目标车辆减速加入车队停车。目标车辆以速度 v_c 驶入交叉口，以加速度 a_d 减速至最小速度 $v_{\min}$ 行驶，然后以加速度 a_d 减速至停车，停车时间为 t_s；当第二个绿灯间隔出现，目标车辆以固定加速度 a_d 加速到速度 v_c 驶离交叉路口，目标车辆停车后通过交叉口示意如图 6.3 所示。

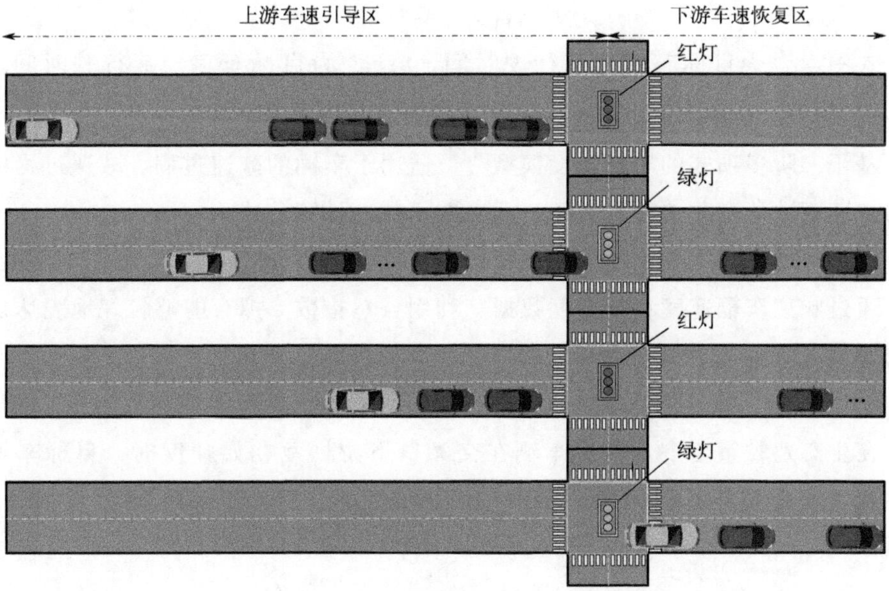

图 6.3 目标车辆停车后通过交叉口示意

目标车辆保持低速行驶会与排队车辆冲突，车辆会减速加入排队车队，则该工况判别式为

$$\frac{d}{v_{\mathrm{c}}}<\frac{d-\dfrac{v_{\min}^{2}-v_{\mathrm{c}}^{2}}{2a_{\min}}}{v_{\min}}+\frac{v_{\min}-v_{\mathrm{c}}}{a_{\min}}\leqslant t_{\mathrm{g}}+t_{\mathrm{r}}+t_{\mathrm{j}}+t_{\mathrm{x}}^{i+1}+h<2t_{\mathrm{g}}+t_{\mathrm{r}}+t_{\mathrm{j}} \tag{6.16}$$

s. t.

$$\begin{gathered}
t_{\mathrm{x}}^{i+1}-h+t_{\mathrm{g}}+t_{\mathrm{r}}+t_{\mathrm{j}}=t_{\mathrm{d}_1}+t_{\mathrm{d}_2}+t_{\mathrm{u}}+t_{\mathrm{s}}\\
0<t_{\mathrm{d}_1}+t_{\mathrm{d}_2}\leqslant t_{\mathrm{x}}^{i+1}-h+t_{\mathrm{g}}+t_{\mathrm{r}}+t_{\mathrm{j}}\\
v_{\mathrm{c}}t_{\mathrm{d}}+\frac{a_{\mathrm{d}}t_{\mathrm{d}}^{2}}{2}+(v_{\mathrm{c}}+a_{\mathrm{d}}t_{\mathrm{d}})t_{\mathrm{u}}=d\\
|a_{\mathrm{d}}|\leqslant|a_{\min}|
\end{gathered} \tag{6.17}$$

$$v_{\mathrm{a}}=\begin{cases}
v_{\mathrm{c}}+a_{\mathrm{d}}t & 0\leqslant t<t_{\mathrm{d}_1}\\
v_{\min} & t_{\mathrm{d}_1}\leqslant t<t_{\mathrm{d}_1}+t_{\mathrm{d}_2}\\
v_{\min}+a_{\mathrm{d}}(t-t_{\mathrm{d}_2}) & t_{\mathrm{d}_1}+t_{\mathrm{d}_2}\leqslant t<t_{\mathrm{d}_1}+t_{\mathrm{d}_2}+t_{\mathrm{s}}\\
0 & t_{\mathrm{d}_1}+t_{\mathrm{d}_2}+t_{\mathrm{s}}\leqslant t<t_{\mathrm{x}}^{i+1}+t_{\mathrm{g}}+t_{\mathrm{r}}-t_{1}\\
a_{\mathrm{a}}(t-t_{\mathrm{x}}) & t_{\mathrm{x}}^{i+1}+t_{\mathrm{g}}+t_{\mathrm{r}}-t_{1}\leqslant t<t_{\mathrm{x}}^{i+1}+t_{\mathrm{g}}+t_{\mathrm{r}}-t_{1}+t_{\mathrm{a}}\\
v_{\mathrm{c}} & t_{\mathrm{x}}^{i+1}+t_{\mathrm{g}}+t_{\mathrm{r}}-t_{1}+t_{a}\leqslant t
\end{cases} \tag{6.18}$$

式中，t_{u} 为目标车辆匀速行驶时间，s；t_{s} 为目标车辆匀速行驶时间，s；t_{d_1} 为车辆第一次减速时间，s；t_{d_2} 为车辆第二次减速时间，s。

基于二阶多项式的车辆速度模型[14] 适用于车辆的减速过程，减速过程中车辆的加速度数值变化曲线近似于一元二次函数，计算公式为

$$a_{\mathrm{d}}=-0.005v_{\mathrm{c}}^{2}+0.154v_{\mathrm{c}}+0.493 \tag{6.19}$$

通过收集车辆速度和加速度数据，利用自然指数 e 拟合能够较好地表达加速度与速度正向关系[15]，表达式为

$$a_{\mathrm{a}}=1.7\mathrm{e}^{-0.04v_{\mathrm{c}}} \tag{6.20}$$

在生态驾驶策略中，目标车辆在交叉口下游恢复初始速度时，目标车辆的加、减速度也同样适用于式(6.19) 和式(6.20)。生态驾驶策略流程如图 6.4 所示。

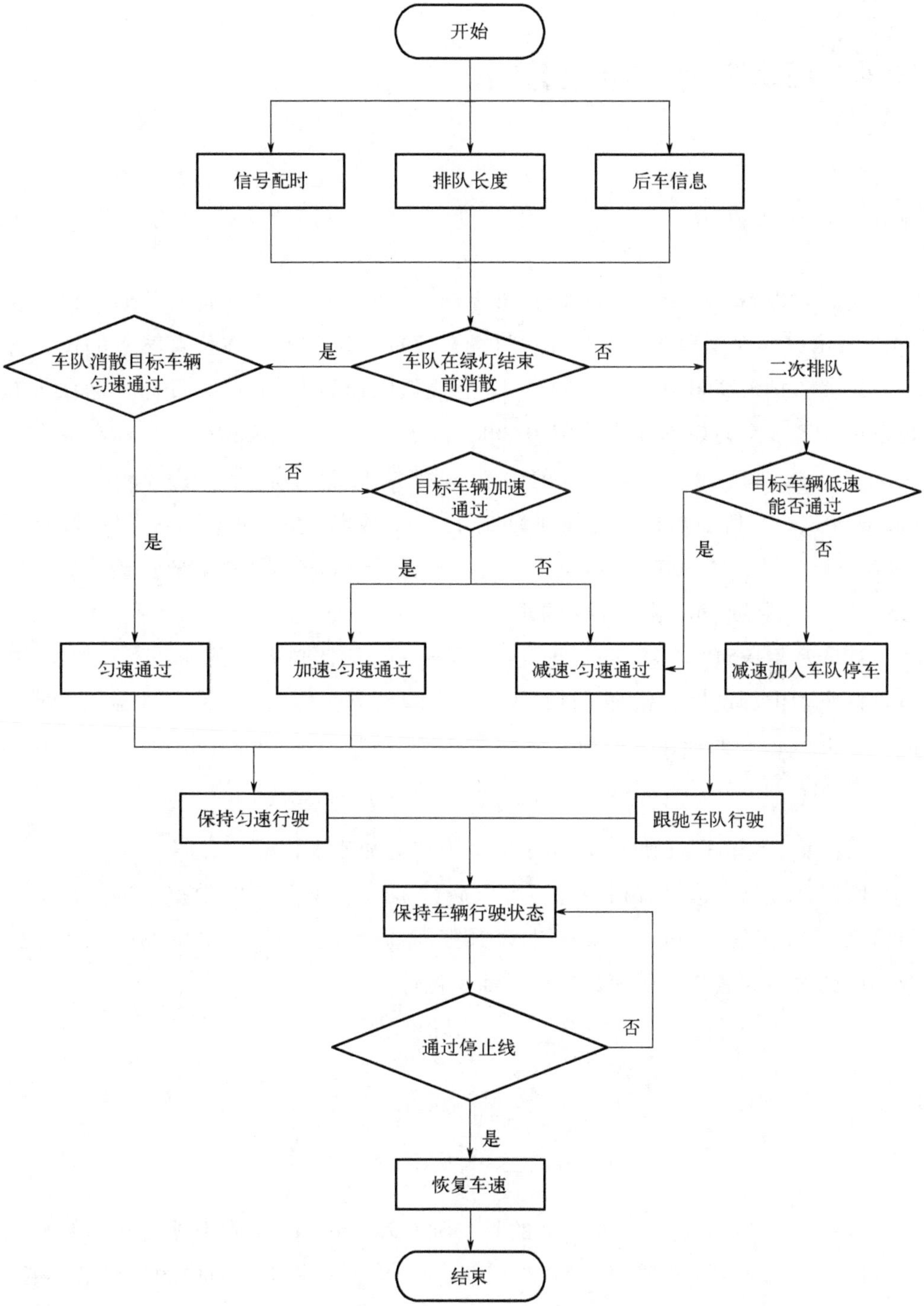

图 6.4　生态驾驶策略流程

6.4 仿真实验及结果分析

6.4.1 仿真设置

仿真软件 SUMO（Simulation of Urban Mobility）可以通过 TraCI 接口用 Python 语言实现模型开发，实现对目标车辆的精准控制。在仿真场景的设置方面，设置车辆最高限速为 50km/h，车辆最低限速为 10km/h。目标车辆在仿真过程中设置 3 个初始速度，分别为 20km/h、30km/h、40km/h；目标车辆允许最大加、减速度为 2.5m/s^2；前方车队排队长度分别为 30m、60m、90m、105m、120m；信号配时长度分别为红灯 30s、绿灯 30s、黄灯 3s；引导区长度 200m，恢复区长度 300m；驾驶员反应时间在 1～1.5s 内随机取值；车身长度为 4m；最小车距为 2m；其余参数采用 SUMO 软件默认值。

选取基于 VSP（Vehicle Specific Power，车辆比功率）的油耗测算模型[16]对目标车辆仿真过程的总油耗进行测算，仿真对象为轻型车，在不考虑道路坡度的条件下，VSP 的计算公式为

$$\mathrm{VSP}=v(1.1a+0.132)+0.000302v^2 \tag{6.21}$$

式中，v 为车辆行驶车速，m/s；a 为车辆加速度，m/s^2。

瞬时油耗与车速具有相关性，可以通过车辆逐秒的 VSP 数据，进行聚类分析得到 VSP 区间（bin）[17]。不同 VSP 区间与燃油、CO_2、CO、HC、NO_x 排放率间的关系如表 6.1 所示，其总燃油消耗计算公式为

$$f_i=\frac{\sum_t^k e_t}{k_i} \tag{6.22}$$

$$F_{\mathrm{m}}=\sum_{\mathrm{bin}=-n}^{n} f_i N_i \tag{6.23}$$

式中，f_i 为 VSP bin 等于 i 的平均油耗率，g/s；e_t 为数据记录 t 的油耗率，g；k_i 为 VSP bin 等于 i 的数据记录数；F_{m} 为某段时间内的车辆总油耗，g；N_i 为 VSP bin 等于 i 的总时间，s。

表 6.1 不同 VSP 区间与燃油、CO_2、CO、HC、NO_x 排放率间的关系

序号	VSP 区间 /(kW/t)	燃油排放率 /(g/s)	CO_2 排放率 /(g/s)	CO 排放率 /(g/s)	HC 排放率 /(g/s)	NO_x 排放率 /(g/s)
1	(−∞,−2)	0.492509	1.543686	0.01103	0.000901	0.001014
2	[−2,0)	0.510490	1.604406	0.008723	0.000901	0.001042
3	[0,1)	0.359283	1.130833	0.004682	0.000835	0.000423
4	[1,4)	0.758541	2.38626	0.012154	0.001027	0.001613
5	[4,7)	1.020529	3.210249	0.016731	0.001253	0.002638
6	[7,10)	1.259579	3.957732	0.023269	0.001664	0.003793
7	[10,13)	1.513141	4.752012	0.029322	0.002089	0.005098
8	[13,16)	1.713106	5.374221	0.036942	0.002332	0.006373
9	[16,19)	1.898008	5.940051	0.049513	0.002818	0.007664
10	[19,23)	2.058739	6.427506	0.063759	0.002985	0.009913
11	[23,28)	2.281212	7.065985	0.10538	0.003786	0.012685
12	[28,33)	2.526238	7.617703	0.24781	0.004573	0.014384
13	[33,39)	2.831091	8.322442	0.413069	0.005700	0.015967
14	[39,+∞)	2.985325	8.475028	0.624663	0.007164	0.016717

6.4.2 仿真结果分析

将仿真得到的生态驾驶数据与自由驾驶数据进行整合，得到优化前后目标车辆行驶轨迹，如图 6.5 所示。从图 6.5(a)～(c) 可以看出，当红灯时刻目标车辆驶入交叉口上游的车速引导区且前方车辆排队长度为 30m、60m 和 90m 时，目标车辆会受交叉口智能设施的控制进行生态驾驶，通过匀速或者适当加减速运动顺利驶过交叉口上游区域，且运动轨迹较为平顺，速度波动集中在交叉口下游速度恢复区，因此生态驾驶策略可以减少目标车辆由于缺乏前方交叉口环境信息而造成的急加速、急减速等情况的发生。当排队车辆在第一个绿灯间隔无法完全消散时，无论目标车辆选择匀速还是加减速的驾驶方式都会在交叉口前停车等待，直至下一个绿灯间隔放行，此时目标车辆可根据交叉口智能设施的引导提前缓慢减速，尽可能地减少停车怠速时间；当二次排队车辆开始消散时，目标车辆根据交叉口智能设施的引导进行缓慢加速，直至目标车辆恢复到初始车速。从图 6.5(d) 和 (e) 中可以看出，上游车速引导区域的目标车辆运动轨迹较为平滑，停车怠速时间更短，降低了车辆燃油消耗。

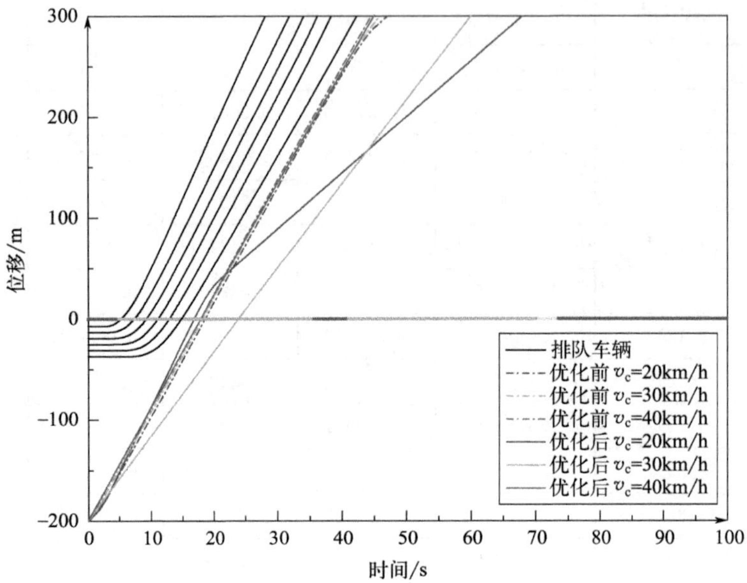

(a) 前方车辆排队长度为30m

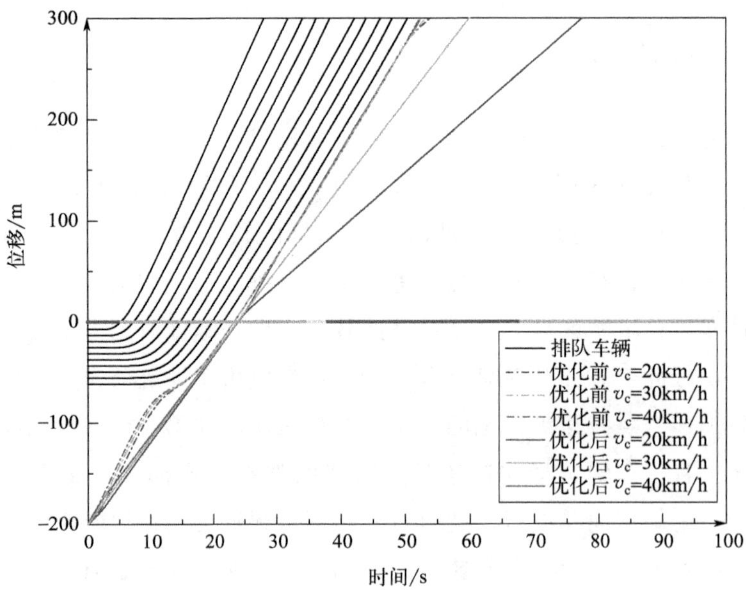

(b) 前方车辆排队长度为60m

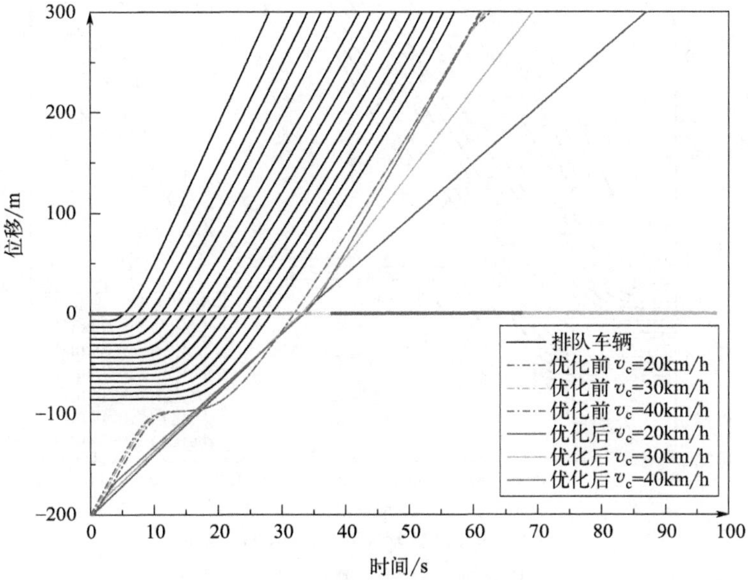

(c) 前方车辆排队长度为90m

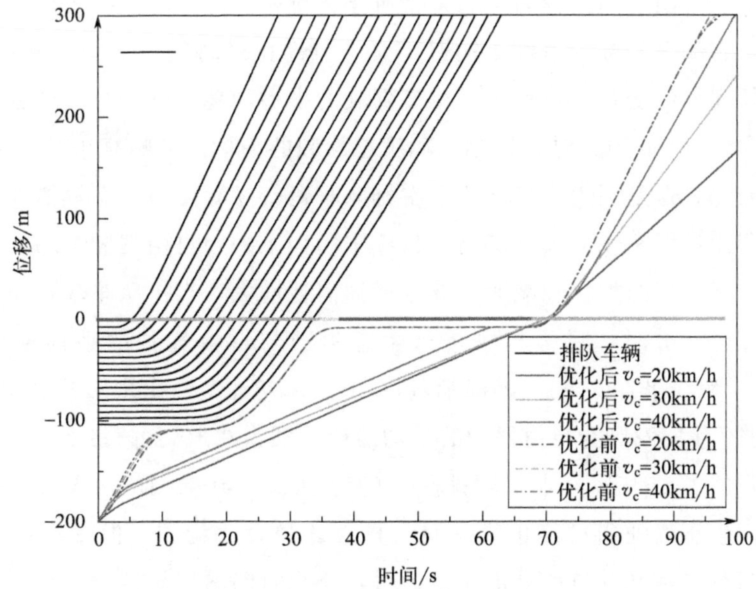

(d) 前方车辆排队长度为105m

图 6.5

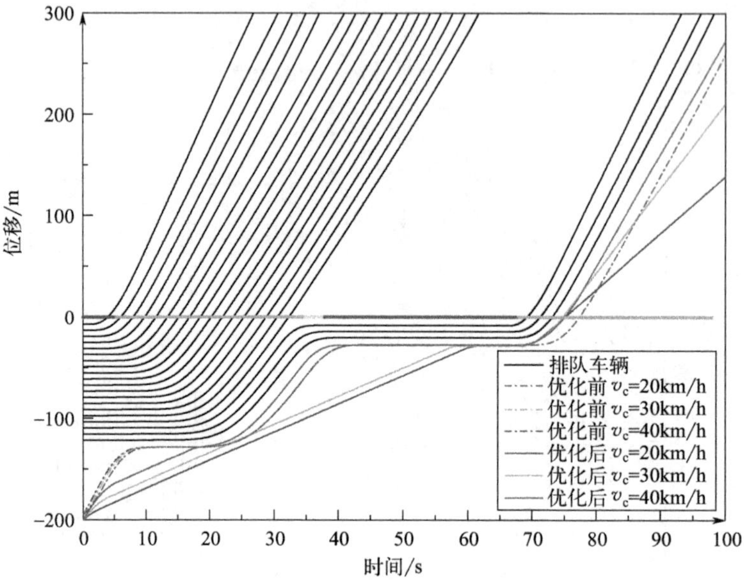

(e) 前方车辆排队长度为120m

图 6.5　优化前后目标车辆行驶轨迹（彩图）

不同车辆排队长度下，优化前后目标车辆燃油消耗与通过停止线的时间对比如图 6.6 所示。图中横坐标为交叉口上游车辆排队长度，左侧纵坐标为目标车辆平均油耗，右侧纵坐标为目标车辆通过交叉口停止线时间。从图 6.6 可以看出，无论排队长度如何变化，目标车辆生态驾驶的平均油耗均低于自由驾驶。当车辆排队长度为 30m 与 60m 时，目标车辆生态驾驶的平均油耗略高于 90m 时的生态驾驶平均油耗。这是因为当交叉口上游排队车辆较少时，目标车辆需要加速通过交叉口，因此目标车辆的油耗略高。目标车辆如果采用自由驾驶策略，可能因模糊判断而进行频繁的加速和减速，导致燃油消耗增大。当排队车辆在第一个绿灯间隔无法完全消散时，目标车辆进行生态驾驶与自由驾驶的平均油耗分别为 0.07917g/m 和 0.08796g/m，燃油消耗降低了 9.98%。当出现二次排队现象时，目标车辆进行生态驾驶与自由驾驶的平均油耗分别为 0.10720g/m 和 0.12687g/m，燃油消耗降低了 15.5%。当车辆排队长度为 60m、90m、105m 与 120m 时，目标车辆进行生态驾驶通过停止线时间与自由驾驶大致相同，但车辆排队长度为 30m 时，目标车辆初速度为 30km/h 通过停止线时间出现延后，这是因为目标车辆以 30km/h 初速度可以保持匀速行驶通过交叉口，使得通过停止线时间延后，但避免了不必要的加速行为。综上，该生态驾驶策略可以在保证行车效率的同时提高车辆燃油经济性。

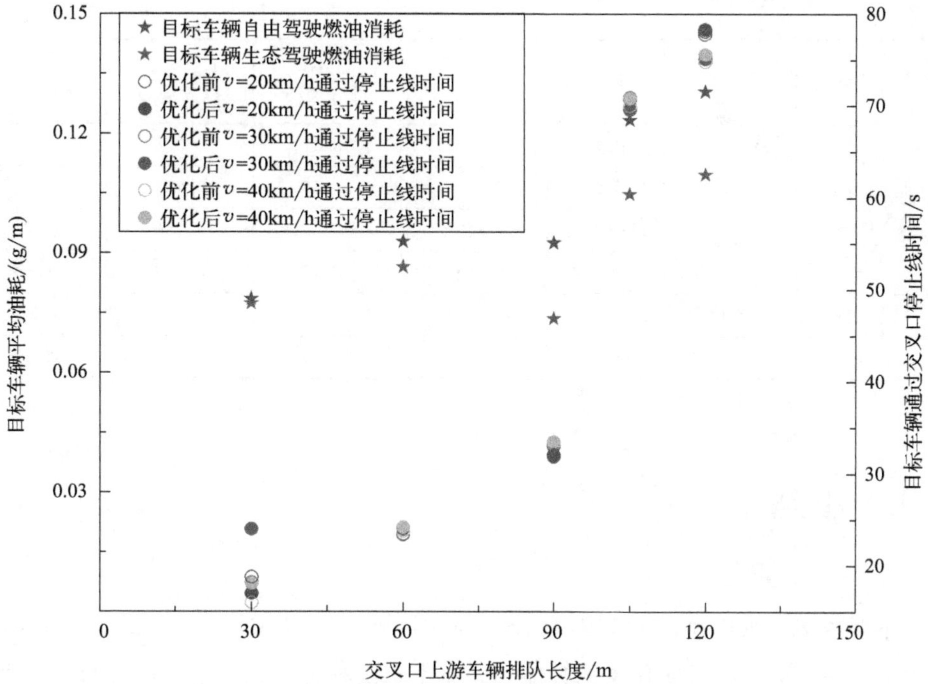

图 6.6 优化前后目标车辆燃油消耗与通过停止线的时间对比（彩图）

对目标车辆运动轨迹的污染物排放情况进行统计分析，统计结果如表 6.2 所示。对比统计数据可知，无论前方车辆是否清空，采用生态驾驶的目标车辆污染物排放量均有所降低。若前方排队车辆清空，生态驾驶的 CO_2、CO、HC、NO_x 平均排放量分别比自由驾驶降低了 11.69%、20.14%、1.66%和 29.09%；若前方车辆出现二次排队现象，生态驾驶的 CO_2、CO、HC、NO_x 平均排放量分别比自由驾驶降低了 15.42%、27.51%、2.24%和 36.15%。由此可以看出，该生态驾驶策略可以有效减少污染物排放。

表 6.2 目标车辆运动轨迹的污染物排放情况

排队车辆情况	排队长度/m	驾驶方式	CO_2 平均排放量/g	CO 平均排放量/g	HC 平均排放量/g	NO_x 平均排放量/g
前方排队车辆清空	30	自由驾驶	78.840	0.417	0.036	0.055
		生态驾驶	72.914	0.458	0.035	0.050
	60	自由驾驶	87.532	0.502	0.040	0.068
		生态驾驶	81.615	0.419	0.039	0.055
	90	自由驾驶	87.266	0.479	0.040	0.064
		生态驾驶	69.458	0.337	0.040	0.040

续表

排队车辆情况	排队长度/m	驾驶方式	CO_2 平均排放量/g	CO 平均排放量/g	HC 平均排放量/g	NO_x 平均排放量/g
前方车辆二次排队	105	自由驾驶	78.840	0.417	0.036	0.055
		生态驾驶	72.914	0.458	0.035	0.050
	120	自由驾驶	87.532	0.502	0.040	0.068
		生态驾驶	81.615	0.419	0.039	0.055
前方排队车辆清空优化效果/%			11.69	20.14	1.66	29.09
前方车辆二次排队优化效果/%			15.42	27.51	2.24	36.15

6.5 小结

本章考虑驾驶员反应时间对驾驶行为的影响，对 IDM 跟驰模型进行了改进，提出了一种考虑二次排队现象的智能网联车生态驾驶策略。选用三种目标初始速度与五种初始排队长度进行仿真验证。仿真结果表明，与自由驾驶相比，该生态驾驶策略可以优化驾驶轨迹，减少车辆在交叉口处的停车怠速时间，避免车辆在行驶过程中急加减速的产生；随着交叉口排队长度的增加，生态驾驶策略的优化效果越明显。当前方车辆二次排队时，采用生态驾驶策略的目标车辆总油耗降低了15.50%；当前方车辆出现二次排队现象，生态驾驶比自由驾驶运动轨迹的 CO_2、CO、HC、NO_x 平均排放量分别降低了 15.42%、27.51%、2.24%、36.15%。

参考文献

[1] 吴小龙，胡松，成卫．基于改进鲸鱼优化算法的多目标信号配时优化［J］．昆明理工大学学报（自然科学版），2021，46（01）：134-141.

[2] 陈志军，张晶明，熊盛光，等．智能网联车辆生态驾驶研究现状及展望［J］．交通信息与安全，2022，40（04）：13-25.

[3] 杨澜，赵祥模，吴国垣，等．智能网联汽车协同生态驾驶策略综述［J］．交通运输工程学报，2020，20（05）：58-72.

[4] 吴官朴，杨昱，赵阳，等．生态驾驶在智能网联汽车中的应用综述［J］．汽车文摘，2020（07）：9-16.

[5] Su D，Jiang K. Research on eco-driving of signalized intersection fleet in vehicle-road cooperative envi-

ronment [C]. Iop Conference Series: Earth and Environmental Science, 2021, 638 (1): 012003.

[6] Xia H, Barth M. Dynamic eco-driving for signalized arterial corridors and its indirect network-wide energy/emissions benefits [J]. Journal of Intelligent Transportation Systems, 2013, 17 (1): 31-41.

[7] Yang Z, Zeng H, Yu Z, et al. Research on eco-driving strategy at intersection based on vehicle infrastructure cooperative system [J]. Advances in Mechanical Engineering, 2019, 11 (4): 168781.

[8] Barth M, Mandava S, et al. Dynamic eco-driving for arterial corridors [C]. 2011 IEEE Forum on Integrated and Sustainable Transportation Systems, 2011: 182-188.

[9] 靳秋思，宋国华，叶蒙蒙，等．车辆通过交叉口的生态驾驶轨迹优化研究 [J]. 安全与环境工程，2015，22 (03)：75-82.

[10] Hao P, Wu G, Kanok B, et al. Eco-approach and departure (EAD) application for actuated signals in real-world traffic [J]. IEEE Transactions on Intelligent Transportation Systems, 2019, 20 (1): 30-40.

[11] 黄意然，宋国华，彭飞，等．考虑排队长度的交叉口生态驾驶轨迹优化 [J]. 交通运输工程与信息学报，2022，20 (03)：43-56.

[12] 杨祥宇．基于排队长度预测的交叉口生态驾驶算法研究 [D]. 杭州：杭州电子科技大学，2022.

[13] 陆建，夏晶晶，时磊．车辆IDM跟驰模型研究综述 [J]. 装备制造技术，2022 (5)：244-246，255.

[14] Maury K, Kumar A, Bokar S. Study of deceleration behavior of different vehicle types [J]. International Journal for Traffic and Transport Engineering. 2012 (2): 253-270.

[15] Mehar A, Chandra S, Velmurugan S, et al. Speed and acceleration characteristics of different types of vehicles on multi-lane highways [J]. European Transport, 2013: 15157719.

[16] 黄颖铭，刘丹丹，陈金山，等．山区公路弯道小型车辆的比功率分布特征研究 [J]. 武汉理工大学学报（交通科学与工程版），2020，44 (06)：1077-1080.

[17] 何永明，裴玉龙．超高速公路行驶燃油消耗预测研究 [J]. 昆明理工大学学报（自然科学版），2020，45 (02)：151-160.

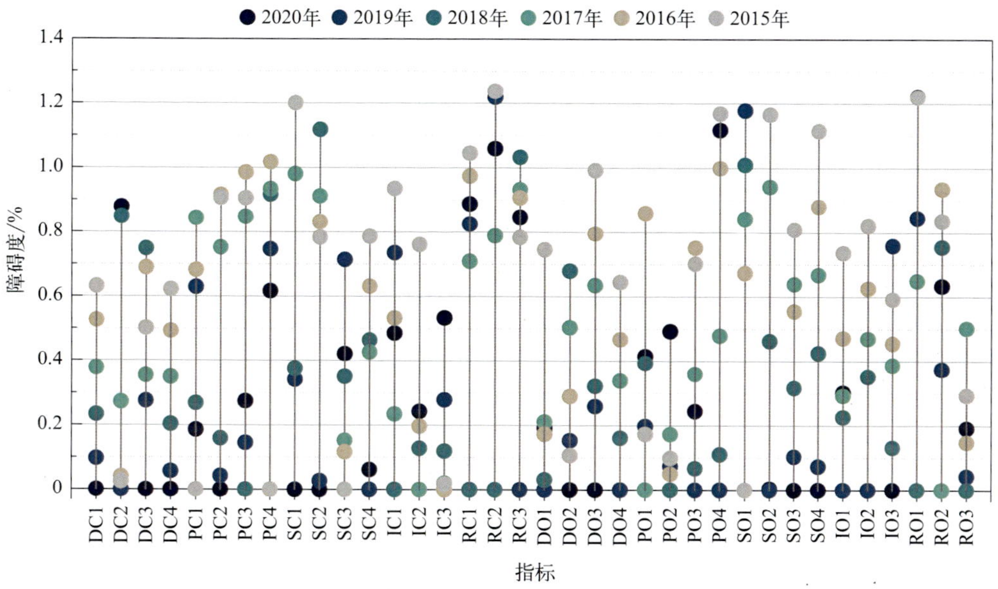

图 1.5 各个指标的障碍度值

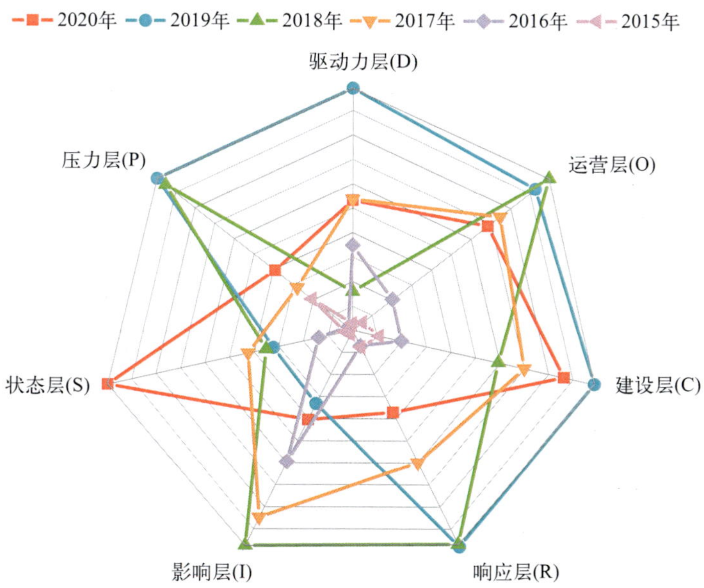

图 1.6 各年份分准则综合值与最优值对比

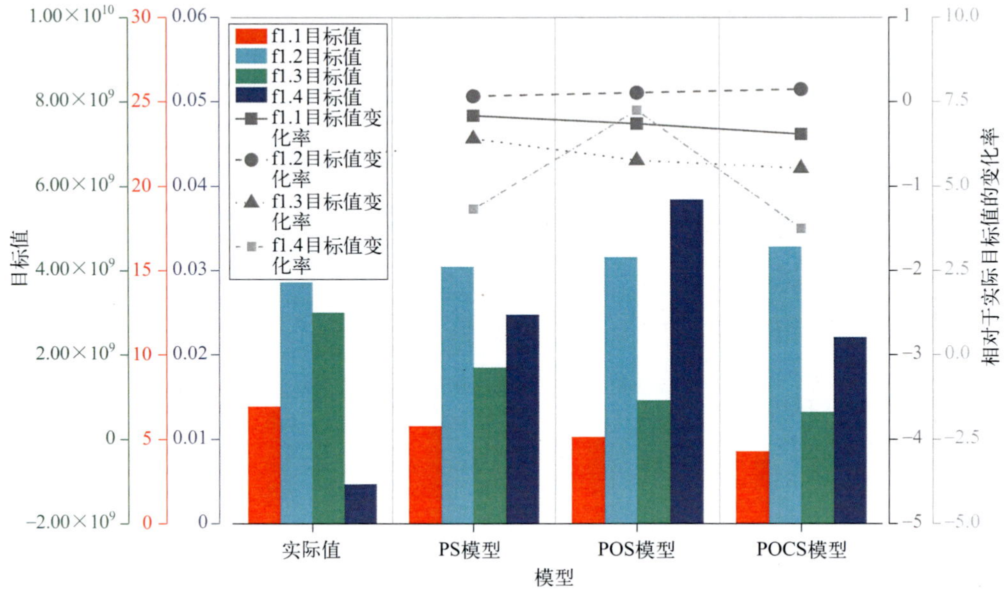

图 2.5　乘客方目标优化前后的目标值

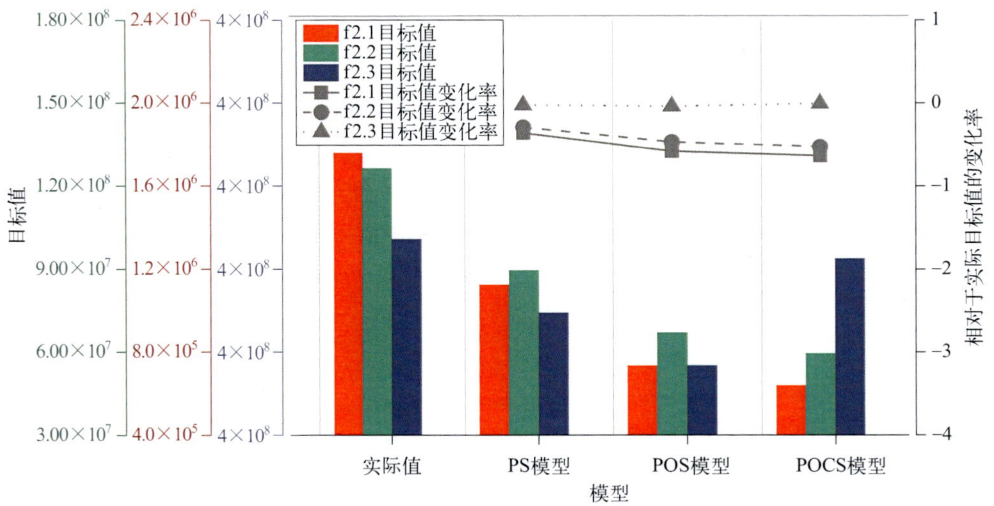

图 2.6　运营方目标优化前后的目标值

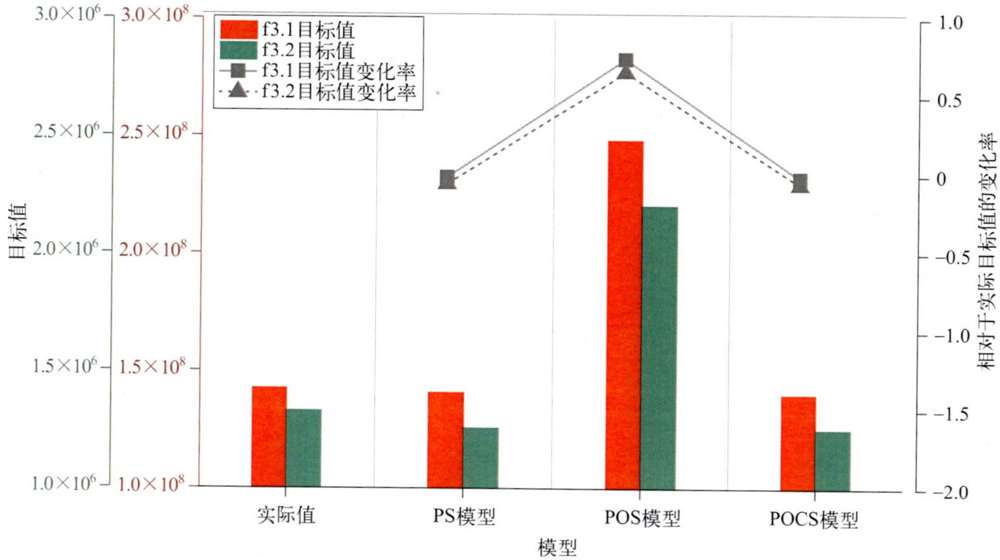

图 2.7 建设方目标优化前后的目标值

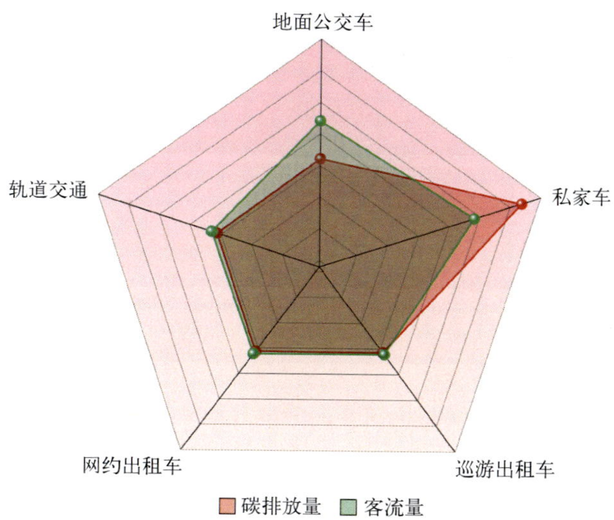

图 3.3 不同交通方式的碳排放量和客流量

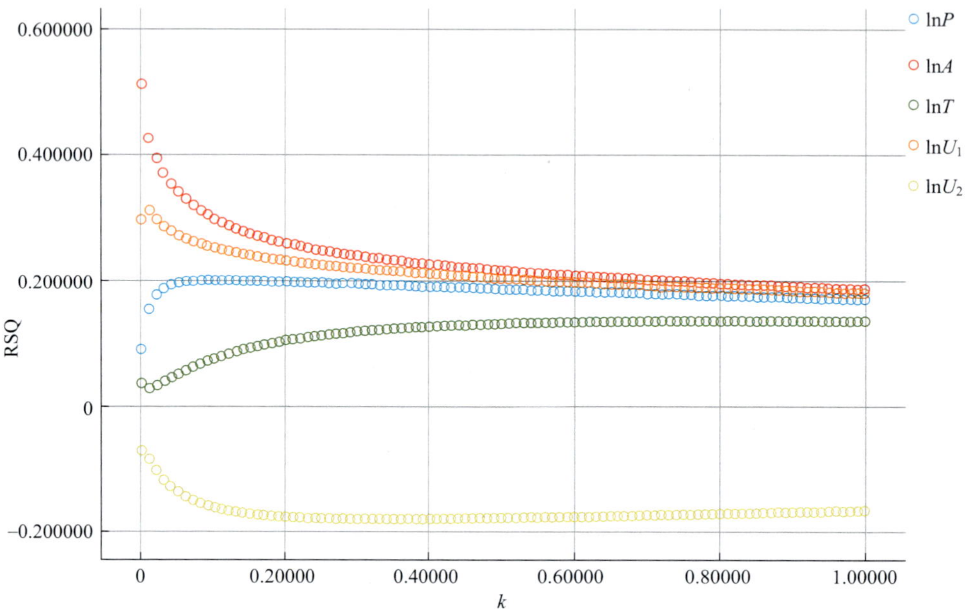

图 4.3　各解释变量的岭轨迹

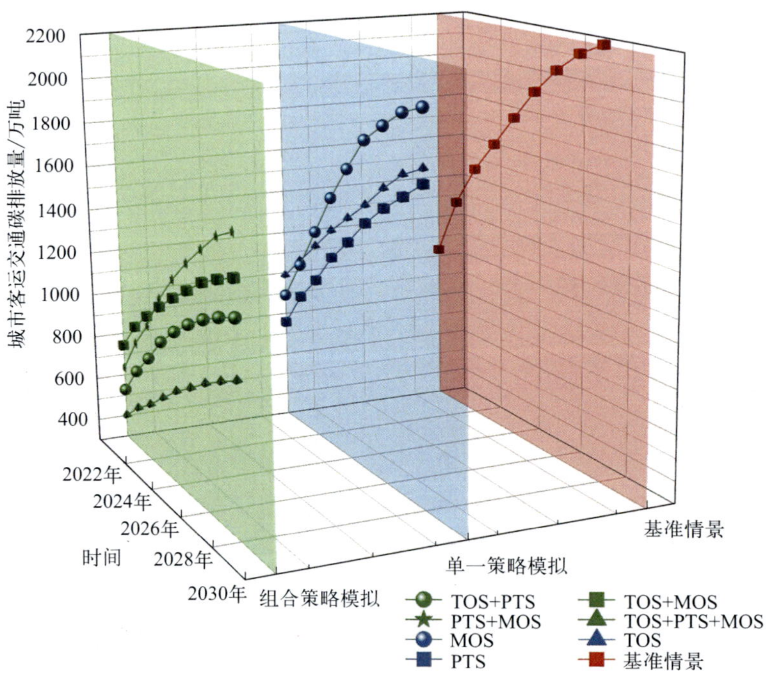

图 4.16　组合策略下青岛市交通碳排放变化趋势

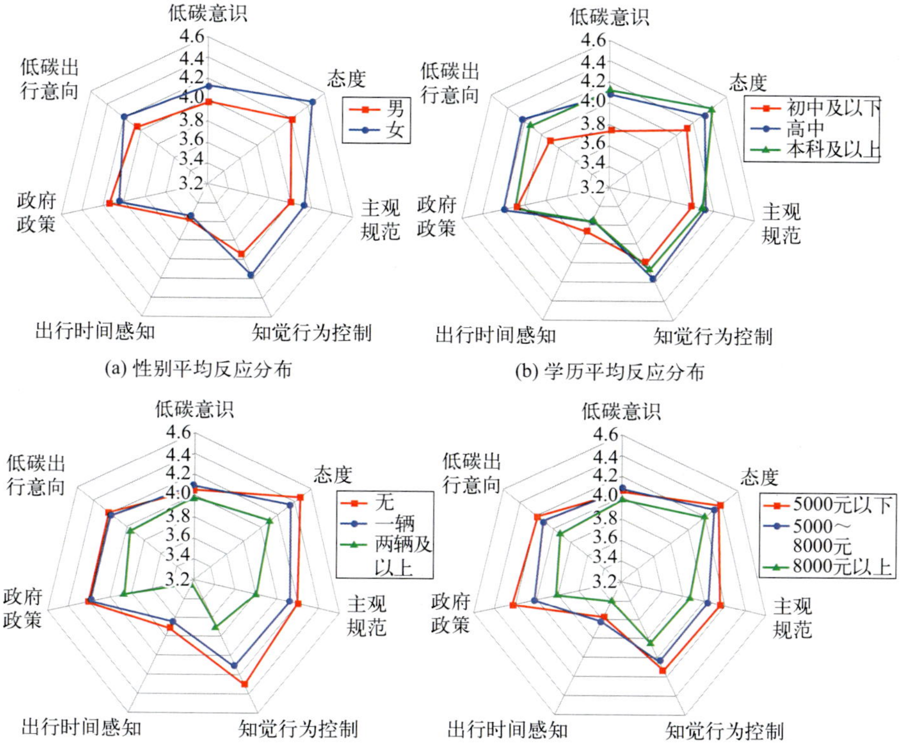

(a) 性别平均反应分布　(b) 学历平均反应分布

(c) 私家车拥有量平均反应分布　(d) 收入平均反应分布

图 5.3　不同出行者群体的平均反应分布

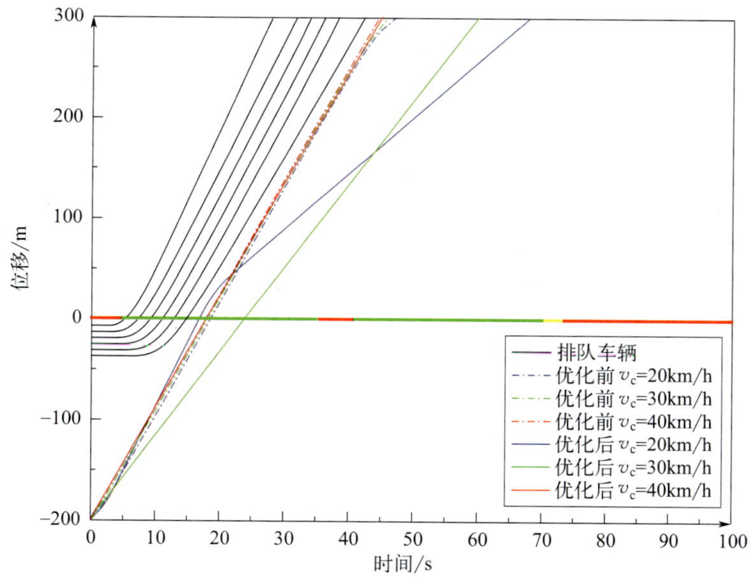

(a) 前方车辆排队长度为30m

图 6.5

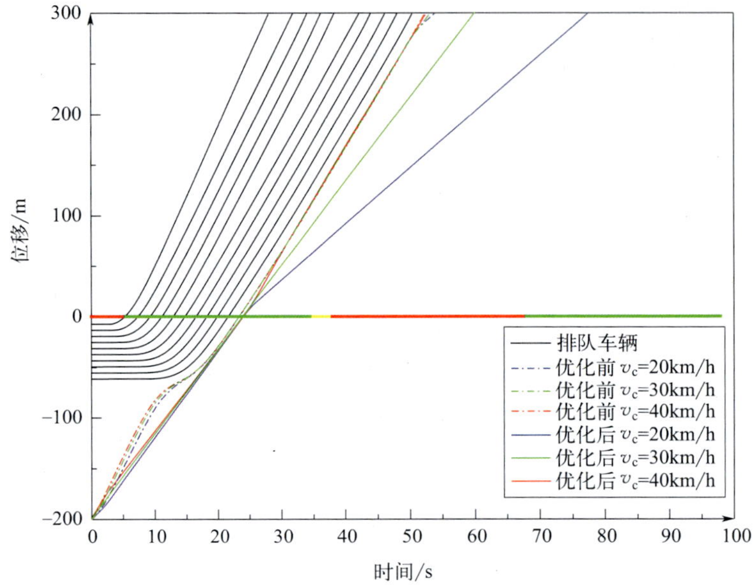

(b) 前方车辆排队长度为60m

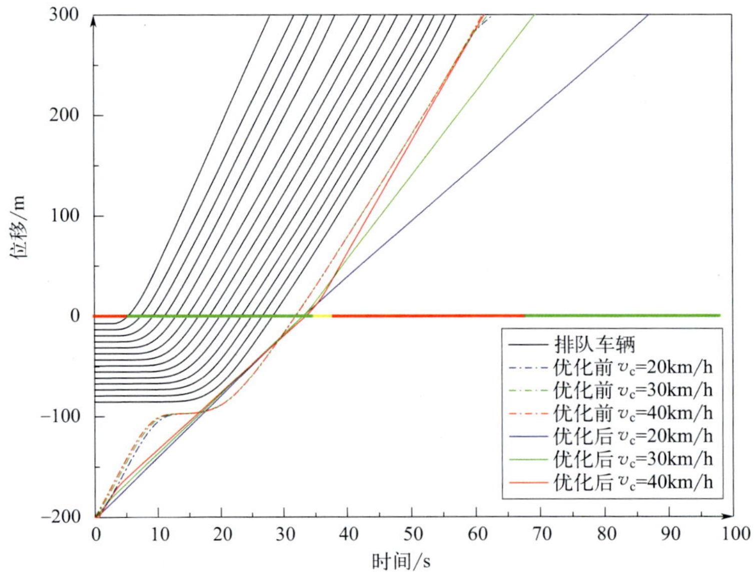

(c) 前方车辆排队长度为90m

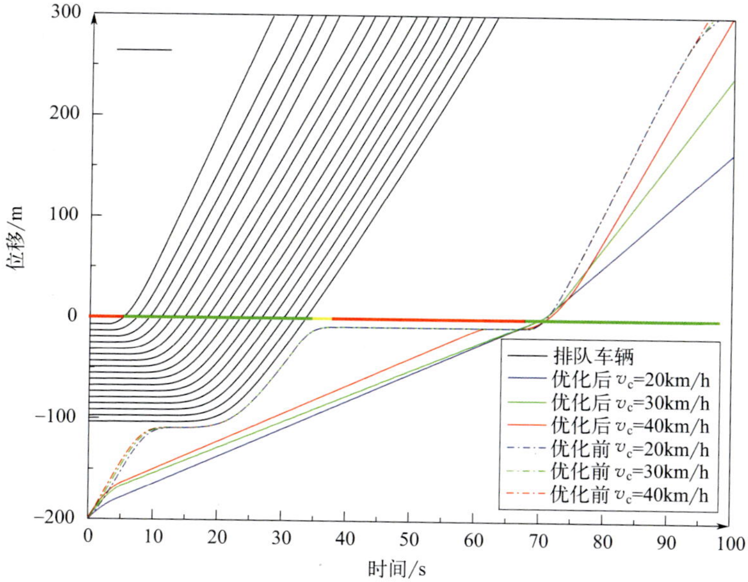

(d) 前方车辆排队长度为105m

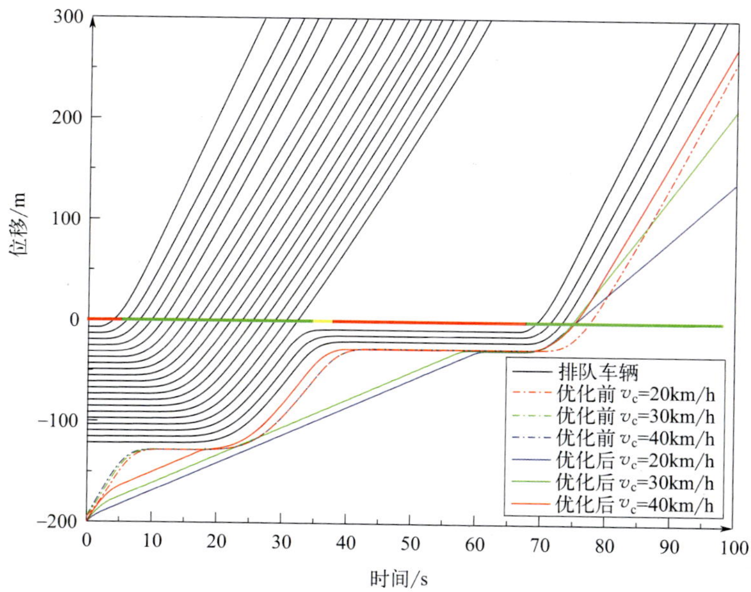

(e) 前方车辆排队长度为120m

图 6.5 优化前后目标车辆行驶轨迹

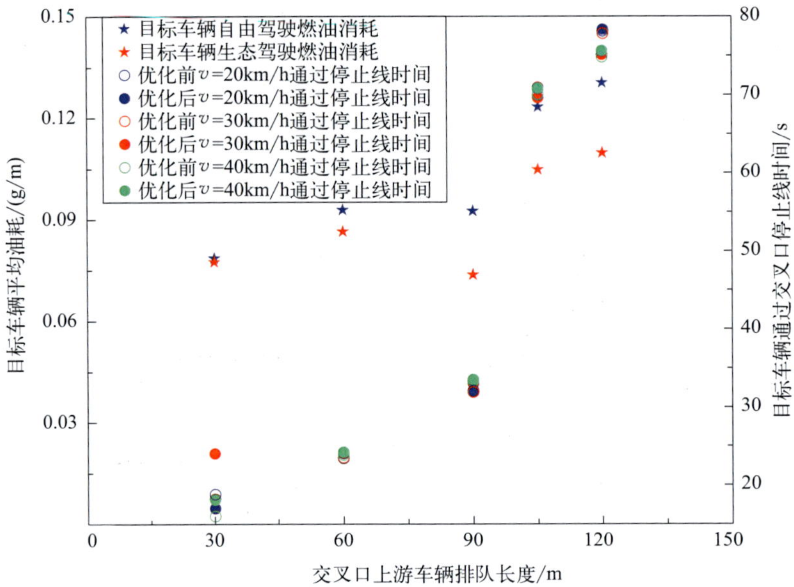

图 6.6 优化前后目标车辆燃油消耗与通过停止线的时间对比